KB188492

붓다의
현세유행

홍일록 지음

도서출판
청어

붓다의 현세유행

홍일록 지음

발행처 · 도서출판 **청어**
발행인 · 이영철
영 업 · 이동호
홍 보 · 최윤영
기 획 · 천성래 ┃ 이용희
편 집 · 방세화 ┃ 이서윤
디자인 · 김바라 ┃ 서경아
제작부장 · 공병한
인 쇄 · 두리터

등 록 · 1999년 5월 3일
(제321-3210000251001999000063호)

1판 1쇄 인쇄 · 2014년 9월 1일
1판 1쇄 발행 · 2014년 9월 10일

주소 · 서울특별시 서초구 효령로55길 45-8
대표전화 · 586-0477
팩시밀리 · 586-0478

홈페이지 · www.chungeobook.com
E-mail · ppi20@hanmail.net
ISBN · 979-11-85482-48-4 (03220)

이 도서의 국립중앙도서관 출판시도서목록(CIP)은 서지정보유통지원시스템 홈페이지
(http://seoji.nl.go.kr)와 국가자료공동목록시스템(http://www.nl.go.kr/kolisnet)에서 이용하실 수
있습니다.(CIP제어번호: CIP2014022502)

붓다의
현세유행

붓다의 불교 또는 근본불교는 현재 우리나라 등 동북아시아 지역에 널리 퍼져있는 우리가 알고 있는 대승불교와는 완전히 다른, 별개의 종교라고도 할 수 있다.

근본불교는 붓다의 깨달음과 육성의 가르침을 주요 내용으로 하고 있다. 10대 제자를 비롯한 뛰어난 제자들이 있었으나 그들의 역할은 가르침을 청하거나 어리석은 대중들을 대신하여 질문을 하는 정도에 그치고 있다. 태양이 떠서 누리를 비추고 있기 때문에 아무리 밝은 등불조차도 필요가 없는 것이다. 그러나 불멸 후 세월이 흐르면서 모든 것은 서서히 변해간다. 붓다의 깨달음의 내용은 배워서 이해하기에 매우 어렵고, 수행의 과정 또한 실행에 옮기기가 간단하지 않다. 일반 대중들은 어려운 구도 과정보다 쉽게 의지하고 보호해줄 신을 찾게 된다. 이러한 세간의 요구에 부응하여 불교는 원래의 모습과는 다른, 하나의 종교로 재탄생하여 오늘에 이른다.

그동안 서구에서는 중세의 암흑기를 뚫고 자연과학이 탄생한다. 자연과학은 그 모태 환경인 기독교 문명과 때로는 갈등을 겪고 때로는 일정한 거리를 두면서 불과 몇백 년 사이에 눈부신 발전을 거듭하여 오늘에 이른다. 그러나 너무나 급속한 상황의 전개로 방향성을 잃고 난파를 할 수도 있다는 위기감이 고조되기도 하였다.

히로시마 핵 투여 이후 미소 핵 개발 경쟁으로 세계가 누란의 위기에 처하자 아인슈타인은 자연과학계를 대표하여 어떤 높은 수준의 도덕률이 자연과학을 이끌어줄 것을 호소한다. 그의 "종교 없는 과학은 절름발이"라는 말이 그것이다. 그가 인생 후반기에 진정으로 추구했던 '대통합 이론'은 바로 과학과 종교의 통합으로 추론해볼 수 있다.

붓다가 추구했던 높은 단계의 이상들의 최초 출발점은 모든 생명들에 대한 자비심이었다. 과학의 목표는 지적 호기심의 충족도 있겠으나 궁극적인 목표는 역시 모든 인류를 풍요롭고 행복하게 살도록 하는 것이다. 서로 간에 거대한 공통분모가 존재하고 있다. 따라서 자연과학이 가야 할 방향은 불교의 자비심을 바탕을 두고 그것에 인도되어 앞으로 가는 것이다. 이제 불교가 자연과학과 만나서 새로운 질서를 탄생시킬 때에 이르렀다. 불교가 자연과학을 만나기 위해서는 재탄생에 버금가는 자기 성찰 과정이 필요하다.

필자는 유물론자가 아니다. 그러나 알고자 하지만 아직은 모르는 것을 x로 놓고 맨 나중에 풀어서 밝히는 대수학(代數學)처럼, 혹시나 끼어들 수 있는 미세한 오류를 방지하기 위해 마지막까지 과학도(科學徒)적인 관점을 놓지 않고 모르는 부분에 대해서는 끝까지 언급하지 않았을 뿐이다. 이 점에 대해서는 독자 여러분들의 오해가 없으시기 바란다.

이 책을 쓴 필자는 교수도 아니고 종교인도 아니다. 대부분의 독자 여러분들과 마찬가지로 생업의 최전선에서 하루하루를 치열하게 살아가는 생활인 중의 한 사람이다. 어떤 깊은 인연으로 신들의 나라, 수행자들의 나라 인도에서 지난 삶의 일부를 보낸 적이 있다. 그 후 어느 정도 세월이 흐르고 우여곡절을 겪고 나자 과일이 변하여 술이 되었는지 초가 되었는지, 당시에 보고들은 것들이 어렴풋이 이해가 되면서 한순간에 글로 쏟아져 나왔다.

세상의 모든 일은 연관 지어져서 함께 일어난다고 부처님께서 말씀하셨다. 크고 작고 멀고 가깝고 직접적이고 간접적인 원인들이 하나로 결집되어 어떤 결과가 일어난다는 뜻일 것이다. 그것은 어느 날 칠흑같이 깜깜한 방에서 호롱불을 켜는 꿈으로부터 시작되었다.

원고를 다 쓰고 다시 한 번 읽어보니 필자 자신도 이 글의 장르를 규정하기가 어려운 것 같다. 에세이로 시작하는가 했는데 어느새 판타지소설로 전개되고 있다. 소설인가 하고 읽고 있으면 어느새 사바나에 사자와 소떼가 등장하는 등 다큐멘터리로 변하고 있다. 그것이 다가 아니고 때로는 과학 교재로 때로는 논문으로도 변한다.

이러한 장르불명, 정체불명의 글을 단박에 출간하기로 결정하신 청어출판사 이영철 대표님도 모험가적·탐험가적 기질이 많으신 것 같다. 책이 모양을 갖추고 세상에 드러나는 데 있어 온갖 노력을 아끼지 않으신 편집부, 기획부, 디자인부 관련 분들에게 감사의 말씀을 전한다.

앞산자락에서

홍일록

□ 목차

붓다의 가르침

1. 콜롬보의 인연

공항에서 얻은 한 권의 책

　지금부터 이십여 년 전 스리랑카의 수도 콜롬보를 다녀오면서 돌아오는 길에 공항 내의 서점에 들렀다가 불교에 관련된 책을 한 권 얻었다. 굳이 구입했다고 하지 않고 얻었다고 하는 이유는 그 서점에 계산대가 따로 없었던 것 때문이다. 그냥 그렇게 한 권씩 집어가면 되나 보다 하고 가려고 하는데 아나나 다를까 모금함이 눈에 들어왔다. 그것은 본 이상 그냥 갈 수 없게 하는 묘한 위력을 발휘하고 있었다. 모금함에 머릿속으로 생각한 책값 이상의 달러를 집어넣고 나서야 비로소 마음이 개운해졌다.

　서점 주인도 무한한 인연의 시작이 될 수 있는 불교에 관련된 서적을 돈을 받고 팔 수 없다는 취지로 계산대를 없앴을 것이라는 생각이 들었다. 여하튼 그때 그 책이 아니었다면 지금 이 책도 없을 것이라는 생각이 강하게 든다.

그 이후 세계 각지로 이사를 다니며 사느라 그때 얻은 책을 잃어버리고 말았는데, 없어진 것을 알고 얼마나 아쉬워했는지 모른다. 책의 제목은 잘 기억이 나지 않으나 근본불교에 관한 안내서 같은 것이었다. 영어로 된 책이라 처음에는 용어도 많이 생소했다. 예를 들면 오온(五蘊)[1]은 'five aggregation'(다섯 개의 집합체)으로 되어있어서 뜻으로만 읽고 이해해야 했다. 그 책은 처음으로 붓다의 시각으로 나의 몸과 주변의 사물을 바라보게 하였고 깊은 사변의 세계로 나를 안내하였다. 어쨌든 그 책을 계기로 붓다와 초기불교에 대해 처음으로 관심을 가지고 알아가기 시작한 셈이다.

이전까지 불교가 나에게 있어 인생의 위기 때마다 정신적인 마지막 피난처 역할을 해온 것은 사실이다. 평소에는 무신론자로 지내다가 자신의 힘으로 헤쳐나오기 어려운 위기가 다가오면 관음경(觀音經)[2]을 찾고 의지하는 사람이 아마 나 말고도 더러 있을 터이다. 정신적인 피난처이기는 하였지만 그에 비해서 불교에 대하

---

1) 오온: 불교에서 인간을 구성하는 물질적인 요소인 색(色)온과 정신적인 요소인 수상행식 (受想行識)의 4온을 합쳐서 부르는 말. 오온설은 인간이 실체가 없는 가합(假合)으로 이루어진 존재이므로 집착하지 말아야 할 것을 설명하고 있다.

2) 관음경(觀音經): 법화경 관세음보살 보문품을 줄여서 보문품 또는 관음경이라고 한다. 관세음보살은 자비로 중생을 구조하여 왕생의 길로 인도하는 보살이다. 보문(普門)은 널리 중생의 소리를 들어 구원의 길로 인도한다는 의미이다.

여 내가 아는 바는 많이 부족했다.

콜롬보의 공항에서 우연히 얻은 그 불교 안내서는 나에게 크고
도 잔잔한 감동으로 다가왔다. 그 책의 내용에서 불교는 종교와는
거리가 멀었다. 인간의 고통과 그 고통의 해결방법에 대해서 논하
는 내용이 오히려 철학이나 심리학 쪽에 더 가까웠다. 붓다는 소원
을 들어주는 신이 아니라 어리석고 고집 센 민중들 사이를 맨발로
다니면서 자신이 깨달은바 진리를 간절히 설법하는 인생의 스승
과도 같은 존재였다.

친구들과 만나는 자리에서 불교 이야기가 나오면, 그 전에는 주
로 듣기만 했던 내가 책에서 읽은 이야기를 한마디씩 하면 모두가
놀라면서 '자네가 이야기하는 것은 불교가 아니다. 어디서 그런
이상한 이야기를 듣고 와서 하느냐.'는 식의 반응이 돌아오곤 하
였다. 가장 집중적으로 비난을 받은 부분은 붓다가 영혼의 존재를
부정했다는 것과, 윤회사상이 불교가 아닌 힌두교의 사상이라고
이야기한 부분이다. 불교를 조금이라도 아는 사람은 누구든지 예
외 없이 그 대목에서 맹렬한 비난을 퍼부어댔다. 영혼이론과 윤회
설 그 두 가지가 불교의 기본인데 무슨 엉뚱한 이야기를 하느냐는
것이었다. 그 이후 나는 다시 침묵할 수밖에 없었다.

그 책에 나온 것 가운데 가장 기억에 남는 부분은 다음의 이야기
이다.

붓다께서 연로하셨지만 아직 살아계실 때에 '붓다를 신격화하고 승단을 종교 집단화'하려는 움직임이 몇몇 제자들 사이에서 일어나기 시작했다. 이러한 움직임에 놀란 붓다는 제자들을 불러 모아놓고 신신당부를 하신다.

"절대로 그러한 일이 일어나서는 안 된다. 내가 가장 두려워하고 꺼리는 일이 있다면 그것은 바로 그러한 움직임이다. 차후로 다시는 그러한 것이 내 귀에 들어오지 않게 각별히 또 각별히 조심하도록 하라."

붓다의 뜻이 워낙 완강하므로 그러한 움직임이 일단 표면적으로는 주춤해졌다. 그러나 세월이 지날수록 민중들은 인류의 큰 스승보다는 어려운 것을 쉽게 해결해주는 신을 더 바랐고, 그러한 염원에 부응하여 붓다 자신의 의도와는 정반대로 불교가 점차 종교화되어갔다.

분명히 붓다 생전의 승단 모임은 종교적인 모임이 아니었다. 붓다 자신은 '눈뜬 사람' 또는 '깨달은 사람'으로서 승단을 이끌고 가르치는 큰 스승의 위치에 있었지, 신과는 아무런 관련이 없었다. 더욱이 붓다 자신은 어떠한 초월적인 능력의 신도 거부하는 무신(無神)과 무아(無我)를 가르침의 근본으로 삼았다. 만약에 붓다께서 현세에 오셔서, 금박을 입고 좌대에 올라 만인의 절을 받으며 뭇사람들의 소원을 들어주는 자신의 모습을 보시면 무슨 생각을 하실까 자못 궁금하다.

근본불교(根本佛敎)라는 말은 지금은 잘 사용되지 않고 있다. 시기적으로 붓다의 성도 이후부터 입멸 후 직제자들이 살아있을 때까지의 불교를 말하며(학자에 따라 용어와 시기가 다를 수도 있겠지만), 붓다와 직제자의 사상을 종합한 불교라는 의미를 가지고 있다. 원시불교(原始佛敎)라는 말과 거의 같이 사용된다. 근본불교는 아직 종교화되지 않았고 붓다 자신도 신격화와는 아직 거리가 먼 단계에 있다.

불교에 몸을 담게 되어 깊은 수행을 하고 어느 정도의 깨달음을 이루게 되면 나타나는 현상이 바로 자신의 생각이나 깨달음을 슬며시 교리에 끼워 넣는 일이다. 수천 년의 세월이 흐르면서 수천 명의 크고 작게 깨친 사람들이 저마다 여시아문(如是我聞: 나는 이렇게 부처님께 들었습니다) 뒤에 숨어서 한마디씩 거드니 종국에는 배가 산으로 오르는 지경에 이르게 된다.

공항서점에서 얻은 그 책은 근본불교 당시의 상황을 잔잔하고 쉽게 풀어가고 있었다. 그 책이 다 끝날 때까지 기복, 미신 및 신(神)에 관련된 이야기는 없었다. 우리나라의 불교도 이제 자연과학적인 사고를 기저에 깔고 있는 신세대를 수용하는 등 시대의 흐름에 맞추기 위하여, 붓다의 육성이 그대로 남아있는 근본불교에 대한 연구를 시작하는 것이 좋은 방법 중의 하나일 것이다.

영국, 프랑스 등 유럽국가에서 기독교가 20세기 후반에 오면서 궤멸적인 양상을 보이고 있다. 1950년대에 70%를 넘던 기독교 인구가 2010년대에는 10% 훨씬 밑으로 떨어졌다. 마치 중성자탄이 터진 것처럼 성당과 교회 건물만 남고 사람들이 모두 사라진다. 기독교가 믿는 자에게 복을 주던 것을 그 기간 동안 갑자기 줄여서 그런 것이 아니라면 무슨 다른 이유가 있을 것이다. 그것은 기독교가 진화론 등의 자연과학에 대적하여 창조과학과 같은 의사과학(擬似科學)을 내세우는 행동을 하는 등, 새로운 세대의 과학적 사고방식의 전환에 발 빠르게 대응하지 못했기 때문인 것으로 보인다.

어떤 한 기독교인 지인은 내게 이런 말을 한 적이 있다.

"자연과학이라는 것은 어차피 종교와 양립할 수 없는 것 아닙니까?"

그는 기독교인의 입장에서 천지창조, 아담설화 등을 받아들이려면 과학은 잠시 뒤로 비켜서 있어야 하는 것이 아니냐는 뜻을 담아 말했을 것이다. 그 말이 맞을지 어떨지는 모르겠으나 적어도 근본불교와는 상관이 없을 터이다. 왜냐하면 근본불교는 종교가 아니기 때문이다.

붓다의 미래세에 대한 경책, 법 손괴의 예언

붓다가 자신이 이끈 승단이 종교화하는 것을 그렇게 우려했음에
도 결국 승단의 모임은 불멸 후 세월이 지나면서 하나의 종교로 점
차 변해간다. 붓다의 진리와 그 근본정신을 훼손하지 않으려는 노
력이 물론 있었겠지만 그럼에도 불구하고 세월이 흐르자 붓다 자
신의 예언대로 마침내 모든 법이 점차로 훼손되고 만다.

『잡아함』3)의 법손괴경(法損壞經)은 붓다의 법을 부촉한 마하가섭4)
에게 정법의 무너짐에 관하여 경책하는 내용의 경이다. 붓다는 붓
다 이후의 미래를 불법3시로 구분하였는데 정법(正法)의 시기는 불
멸 후 500년, 상법(像法)의 시기는 그 후 1,000년의 기간, 말법(末
法)의 시기는 또 그 후 1,000년의 기간을 말한다.

"정법(正法)의 시기에는 교법, 수행, 증과가 모두 존재하며
부처님이 말씀하신 것을 충실히 따르고 서로 가르치며 닦아서
많은 사람들이 도를 증득하는 시기이다."

"상법(像法)의 시기는 교법과 수행은 있으나 증과가 없는 시

---

3) 잡아함: 아함경을 구성하는 4부인 장아함, 단아함, 증일아함, 잡아함 중의 하나. 아함경
   은 여러 불전 중 붓다가 직접 설하신바 육성이 유일하게 가장 많이 담긴 초기불교의 경
   전이다.
4) 마하가섭: 10대 제자 중 상수제자(上首弟子)로 부처님의 의발(衣鉢)을 받았다. 붓다 입멸
   후 오백 아라한을 데리고 1차결집을 주도하였다.

기이다. 정법이 무너지기 시작하여 부처님의 법이 아닌 비슷한 법을 지어 퍼뜨리고 그에 현혹되는 사람들이 생겨나 사이비 불법이 횡행하게 되어 정법이 오히려 위험에 빠지게 된다. 사찰과 탑을 장엄하게 짓고 불상을 모시는 등 외형적인 활동에 주로 치중하나 도의 증득은 없어진다."

"말법(末法)의 시기에는 교법 즉, 가르침만 있고 수행과 증과가 없다. 진리의 백법이 모두 몰락하고 교파 간에 투쟁을 일삼으며 서로 과시하기에만 바쁘고 모두 근기들이 하열하여 사사로운 술법에나 관심을 가지며 참다운 법에는 관심을 가지지 않는다. 세상의 비구들은 마음대로 즐기고 일이 없어서 손과 발이 부드러우며 비단 베개를 베고 온몸을 펴고 편히 누워 해가 떠도 일어나지 않고 방일하게 살 것이다."

참으로 많은 것들을 생각하게 만드는 말씀들이 아닐 수 없다.

불멸 후 2,500년이 지난 지금, 어림잡더라도 지금은 말법의 시기도 어느덧 다해가고 있다고 보아야 할 것이다.

정법 500년의 시대가 가면 상법(像法)의 시대가 오는데, 상(像) 자에는 형상 또는 이미지의 뜻이 포함되어 있다. 아니나 다를까 불멸 후 오백 년 정도가 지나자 간다라(지금의 아프가니스탄) 지방에서 불상의 제작 움직임이 시작된다. 인도의 서북부 지역인 간다라에서 제우스나 헤라클레스 같은 신들의 형상을 조각하기를 좋아하는 그리스인들의 영향을 받아 서구인 형상을 한 불상이 최초로 등장한 것이다. 때마침 스투파운동5)이 인도 전역에서 일어나면서 순례를 나선 재가신도들에게 숭배의 대상이 절실히 필요해지는데 이와 맞아떨어지면서 인도에서 본격적으로 불상의 시대가 시작된다.

아잔타 석굴은 서부 인도의 마하라슈트라 지역에 있는 29개의 거대한 암벽 석굴이다. BC 2세기에 개굴을 시작하여 1,000년간 개굴 및 불상 조각을 진행하였고 이후 1,000년간 밀림 속에 숨겨져 있다가 1819년 호랑이 사냥을 나선 영국인들에 의해 다시 발견되었다. 초기 석굴에는 불상이 없었으나 법손괴경에서 예언한 대로 상법시대로 들어가면서 거대한 불상들이 나타나기 시작한다. 콜롬보 공항에서의 그 책을 인연으로 불교에 관심을 가지게 되어서인지 아잔타 석굴을 보기 위해 아우랑가바드로 가는 비행기 표와 호텔을 예약했다. 상법시대 천 년간의 세월을 직접 느껴보기 위해서였다.

석굴 하나를 예로 들면 이러하다. 길이 있고 마당이 있고 좌우에 탑이 있고 거대한 불상들이 있다. 또한 방들이 있고 방마다 승려들이 수행을 할 수 있도록 해 놓았다. 그런데 이 모든 것들이 거대한

---

5) 스투파운동: 스투파는 부처님의 사리를 모신 무덤인 탑을 의미한다. 이러한 탑의 설립과 재가신도들의 탑 순례활동을 스투파운동이라고 한다. 스투파운동을 재가신도를 위한 대승불교의 출발점으로 보는 시각도 있다.

바위 하나를 파 들어가며 조각하여 이루어낸 것들이다. 장인 한 사람이 당대에서는 도저히 이루어낼 수 없는 규모이다. 바위를 파 들어가며 조각을 해 가는데 1세기, 2세기가 흐르고 어느덧 천 년이 흘러가버린 것이다. 그건 그렇다 치더라도 천 년간 사람들에게서 잊힌 것은 또 무슨 연유인가? 그것은 거대한 하나의 미스터리이다.

여러분께서 만약 그곳을 가시게 된다면 엄청난 내공을 가진 잡상인들을 주의해야 한다. 돌로 만든 코끼리나 불상 등의 여행 기념품을 파는데 만만하게 보이면 끝까지 따라다니며 구매를 강요한다. 석굴 입구에는 아이들이 거울을 들고 기다리다가 여행객이 석굴에 들어서면 거울로 햇빛을 반사해서 어두운 석굴 내부를 비춰주고는 갈 때 돈을 요구한다. 거울을 비춰달라고 계약을 하지 않았으므로 돈은 안 줘도 그만이지만 만약에 도움이 되었다고 판단되면 5루피 정도 주면 된다.

상법시대의 상(像)은 이미지라는 의미 외에 사이비라는 의미도 포함한다. 정법(正法)이 끝나 정법에 대체하는 것이라면 그것은 사이비라는 의미를 어느 정도 안 가질 수가 없다. 금을 입혀 한층 화려해진 불상, 장엄한 사찰, 어렵게 되어있어 도저히 읽을 수 없고 이해할 수도 없는 두터운 경전들, 육사외도의 회의론자 산자야 같이 '이것도 아니다, 저것도 아니다' 식의 알쏭달쏭한 말씀만 하시는 구름 위의 선승, 이런 것들 사이에서 붓다의 가르침의 육성은 점차 사라져갔다.

"말법(末法)의 시기가 되면 진리의 백법이 모두 몰락하고 교파 간에 투쟁을 일삼으며 서로 과시하기에만 바쁘고 모두 근기들이 하열하여 사사로운 술법에나 관심을 가지며 참다운 법에는 관심을 가지지 않는다."

아무래도 붓다께서 말법의 시기인 현세를 한번 다녀가신 느낌이 든다. 그렇지 않고서야 어떻게 저렇도록 눈앞의 사실을 보는 것과 같이 족집게처럼 집어낼 수 있을까?

"세상의 비구들은 마음대로 즐기고 일이 없어서 손과 발이 부드러우며 비단 베개를 베고 온몸을 펴고 편히 누워 해가 떠도 일어나지 않고 방일하게 살 것이다."

이 부분에 이르러서는 나의 손과 발을 다시 한 번 만져보게 되고 아침에 창밖이 밝을 때까지 침대에서 일어나지 않는 자신을 돌아보지 않을 수 없게 된다.

아잔타 석굴을 다녀온 뒤 갑자기 신열이 나는 몸살을 보름 정도 앓았다. 몸이 회복되자 갠지스 강 하류로 여행을 가보기로 하였다. 강가에 서니 역시 와보기를 잘했다는 생각이 들었다. 붓다께서 발이 닳도록 다니면서 활동했던 갠지스 강의 본류와 지류의 유역들이 눈에 들어온다. 어디선가 시원한 한 줄기 바람이 불어오며 붓다의 육성이 그 바람을 타고 들려오는 듯하다.

나를 있는 그대로 보라

나는 신들의 나라에서 태어났으나

그 신들이 모두 미혹임을 정확하게 알아차린

인간 고타마 싯다르타

맨발로 황톳길을 다니며

뭇사람에게 수도 없이 반복해서 그 이야기를 하나

아무도 알아듣는 이는 없고

혹 알아듣는 듯하는 이 몇 있어도

돌아서면 다 잊어버리고 다시 신들을 두려워하고 공경하니

내 멸도 후 나의 말들인들 어찌 오래갈 수 있으리

그러하니 흐르는 세월을 막론하고

누구든 나를 있는 그대로 보라

후세의 중생들은 혹 견딜 수 없는 고통으로

혹 피해갈 수 없는 두려움으로 인해

나를 또 하나의 신으로 만들어 기대려고 할 것이다

어리석고 나약한 이는 그렇다 하더라도

그대만이라도 나를 있는 그대로 보라

상법과 말법의 시대에서

나의 가르침을 어지럽힌

숱한 진실되지 못한 것들을 걷어내고

그대만이라도 나를 있는 그대로 보라

안 먹으면 배 고프고

잘못 먹으면 배 아프고

발에는 황토가 가득 묻은

이것이 인간 고타마 싯다르타, 나는 신이 아니다

나의 상에 조금도 마음 둘 것 없으니

오직 나의 가르침만을 생각하라

오직 나의 말들만을 생각하라

2. 근본불교

붓다의 신관

나는 신이나 용이 아니다.
간다르바, 긴나라, 야차, 아수라도 아니다.
마후라가나 인비인도 아니다.
그것은 모두 번뇌로 인해 생긴 것이다.
그러나 나는 그러한 다함이 있는 번뇌를
이미 끊고 부수고 없애버렸다.
마치 물속에서 피어났으나
물이 묻지 않는 연꽃처럼
나 또한 세상에 태어났으나
세상의 더러움에 물들지 않느니라.

기나긴 수많은 세월을 살펴보니

이런저런 인연에 얽혀서 방황했지만

이제 번뇌를 끊고 나쁜 버릇을 버려서

삼독번뇌의 가시를 다 뽑아버리고

나고 죽는 고리에서 완전히 벗어났으니

그러므로 '붓다' 라 이름하느니라.

위에 나오는 『아함경』 중의 한 구절은 바라문 도나가 붓다를 처음으로 만나는 장면에서 "그러면 도대체 당신은 누구십니까?"라는 물음에 대한 붓다의 답변이다.

여기에는 간다르바, 긴나라, 야차, 아수라, 마후라가, 인비인 등 정체를 알 수 없는 존재들이 등장한다. 이들은 사람이 아니며 그렇다고 동물도 아니다. 이들은 『베다』6)에도 등장하는데 인도인들의 생활사 주변에서 인간에게 우호적인 화생(化生)7)의 정령들이다. 이러한 작은 신들이 있는 반면 천지창조 급의 큰 신들도 있는데 그들은 프라자파티(造物主), 이슈바라(自在天), 브라흐마(梵天)들이다. 이

---

6) 베다: 브라만교의 성전(聖典)을 총칭하는 말로, 고대 인도의 종교지식과 제례규정을 담고 있는 문헌이다.

7) 화생: 습생, 난생, 태생과 더불어 유정(有情: 마음을 가진 살아있는 중생이라는 뜻으로 식물은 여기에 해당되지 않는다)이 태어나는 방식인 사생(四生) 중의 하나이다. 다른 물건에 기생하지 않고 스스로의 업력에 의해 갑자기 생겨나는 생물을 이른다. 도깨비 같은 존재가 대표적인 화생이다.

들 세 신은 전지전능하고, 어디에나 존재하며, 모든 것을 다 알며, 상황에 따라 회전무대 식으로 사람들 앞에 등장한다. 이렇듯 인도는 신들의 백화점 같은 곳으로 범신론에서 일신론으로 넘어가는 세계사의 과정에서 범신론과 일신론의 요소가 혼재하고 있는 듯하다.

인도사회의 모든 사람들은 그러한 크고 작은 신들을 공경하고 두려워하나 붓다는 그들의 존재를 인간의 번뇌망상이 지어낸 것이라고 한마디로 단언하였다. 붓다 자신도 깨닫기 전에는 그러한 번뇌망상의 유혹을 물리치지 못하였으나 정각을 이루고 난 후에는 그러한 미혹을 재생의 여지가 없도록 물리쳤노라고 말하는 것이다. 그러므로 자신을 물속에서 자라났지만 물에 의해 더럽혀지지 않는 연꽃에 비유하고 있다.

붓다가 무상정등각[8]을 이루는 그 순간, 이 우주에는 그 어떤 창조자나 초월적인 존재가 없다는 사실을 깨달았다. 그래서 이 우주는 창조된 것이 아니라 다만 연기(緣起)[9]에 의해 전개될 뿐이라는 우주관을 설하였다. 따라서 붓다의 불교는 전능한 신에 의한 구원의 종교가 아니라 인간 자신에 의한 구도의 종교인 것이다.

신(神)은 없다

붓다의 시대나 지금이나 인도의 독보적인 종교는 힌두교이다. 힌두교의 교리는 주로 신(神)들에 기반을 두고 있는데, 붓다는 그러한 신관을 상상 또는 공론으로 보고 진리로 인정하지 않았다. 뿐만 아니라 그러한 신관이 인간에게 아무런 이익도 주지 못한다고 보았다. 붓다가 그렇게 힌두교 신들의 존재를 부정한 또 다른 한 가지 이유는 인간의 합리적인 사고체계를 돕기 위해서이다. 인간이 한 번 비현실적인 신들을 믿기 시작하면 시간이 갈수록 지성이 점차 무력화 되어가기 때문이다.

이어서 붓다는 신을 공경하고 두려워하는 마음이 긍정적인 효과도 물론 있겠지만 자칫하면 엉뚱한 결과를 초래할 수도 있다고 지

---

8) 무상정등각: 부처의 깨달음은 더는 위가 있을 수 없는 최상이며 바르고 평등하며 완벽하다는 뜻이다. 부처 이외에도 깨달음은 있을 수 있으나 무상정등각은 오로지 부처의 깨달음만을 뜻하므로 비교할 대상이 없다는 의미이다.
9) 연기(緣起): 모든 현상은 무수한 원인과 조건이 상호 관계하여 성립되므로 독립된 것은 하나도 없고 조건과 원인이 없으면 결과도 없다는 설이다.

적했다. 왜냐하면 힌두교 같은 신 중심의 종교가 제사의식을 만들고, 그것이 다시 미신의 온상이 될 가능성이 항상 존재하기 때문이다. 또한 제사의식은 사제직을 만들고 이로 인해 생겨난 사제들이 인간들 위에 다시 군림하게 된다.

이러한 일련의 과정은 팔정도 가운데 가장 앞에 나오는 정견(正見)을 함양하는 데에도 방해가 된다. 팔정도 중 정견이 가장 중요하다고 보는데, 그것은 올바르게 바로 보는 것이 올바른 생활을 지향하고 모든 무지를 해소하기 위한 최초의 실마리가 되기 때문이다. 무지는 모든 악의 근원이 된다. 우리는 연기법의 모든 과정이라고 할 수 있는 인생의 제반 실상을 제대로 알아야만 정견을 함양할 수 있다.

한번은 붓다께서 도도히 흐르는 강을 눈앞에 두고 바셋타에게 이런 말씀을 하신다.

"바셋타야, 만약에 이 강물이 범람하고 있다고 하자. 그런데도 꼭 이 강을 건너야만 한다. 아무리 간절히 빌고 기도한다고 해서 해결이 되겠느냐? 아무리 경전에 통달한 바라문일지라도 인디라, 브라흐마, 이슈바라 등과 같은 여러 신에게 아무리 호소한다 하더라도 강 건너편이 저절로 이쪽으로 오겠느냐?"

붓다는 브라만 신들의 무용함을 설명하고 있는 것이다.

그러나 고대 인도사회에서는 그러한 크고 작은 신들이 생활 가운데 너무나 뿌리 깊게 박혀있기 때문에 그것을 빼고 나면 관혼상제나 일상의 생활이 불가능할 정도였다. 더욱이 일반인들로부터의 탁발 생활에 의존하고 있는 붓다의 승단으로서는 인도사회의 뿌리 깊은 신관을 정면으로 부정할 경우 승단의 생존 자체가 위협받을 가능성이 있었다. 사문들에게 먹을 것을 제공하는 공덕을 쌓음으로써 신들로부터 칭찬을 받고 현세와 내세에 복을 받으려고 하는 일반인들과는 어느 정도 선에서 타협하는 수밖에 다른 방법이 없다. 그래서 나온 것이 바로 방편적인 가르침의 수단으로 그 신들을 이용하는 것이었다.

붓다는 그러한 크고 작은 신들을 인격화시켜 주변에 두고 친구와 같이 대화도 하는 형태로 수용한다. 마왕 마라, 파순도 그들 가운데 하나이다. 이들은 인격화하여 붓다 주변에 자주 등장하지만 그들이 하는 말은 차라리 인간 내면의 소리로 해석하면 이치에 더 맞은 경우가 많다. 브라만의 가장 큰 신인 범천(梵天; 브라흐마)[10]도 붓다 앞에서는 별 도리 없이 교단의 수강생 중의 한 명 정도로밖에 취급받지 못한다. 매번 다소곳이 한쪽 끝에 서서 붓다의 법문을 듣

---

10) 범천(브라흐마): 힌두의 3신 중 창조의 역할을 담당하는 신이다. 조각상의 형상은 4개의 방향을 향한 4개의 머리와 4개의 팔을 가지고 있다. 백조 또는 거위를 타고 다닌다.

고는 크게 기뻐하며 자리를 떠나곤 한다. 브라만교 사제인 바라문들의 입장에서는 그 이야기를 들으면 매우 못마땅할 것임에 틀림없다.

영혼도 없다

붓다는 신만이 아니라 영혼의 존재 또한 부정했다고 보아야 할 것이다. 영혼관은 신관과 마찬가지로 정견을 함양하는 데 유해할 뿐 아니라 신관 이상으로 인간의 합리적인 사고체계를 흐리게 하는 요인이 된다고 보기 때문이다. 또한 영혼관도 사제직의 근거가 되기 때문에 인간이 태어나서 죽을 때까지 사제들에게 인간을 지배하는 근거를 제공할 수 있다는 것이다. 붓다가 영혼의 존재를 인정했다고 보는 견해들도 많이 있으나 그것은 옳지 않다. 그는 영혼 같은 것은 존재하지 않는다고 믿은 것으로 보인다.

힌두교는 영혼을 아트만(Atman)[11]이라고 부른다. 아트만은 육체와 떨어져 별개로도 존재할 수 있고, 사람이 태어나는 순간부터 항상 육체 속에서 살아가는 실체에게 주어진 이름이다. 영혼은 육체와 함께 소멸되지 않고 타인의 육체가 태어날 때 그 속에서 다시 살아나므로 육체는 영혼의 의복과도 같다.

---

11) 아트만: 영혼 생기(生氣)를 의미하며 그 밖에도 아(我) 또는 진아(眞我)로 번역된다. 베다에서는 생사를 넘어서서 영원히 존재하는 실체로 여긴다. 한편 불교에서는 불변의 실체인 아트만이 존재하지 않는다는 무아론의 입장을 취한다.

붓다의 불교는 안아트만(Anatman, 無我)[12]를 기본으로 하며 이것
이 힌두교나 자이나교와 근본적으로 다른 점이다. 영혼이라는 것
은 이렇듯 근거가 없고 실제로 존재하는 것은 마음이다. 하지만 이
마음은 영혼과 같지 않다는 것이 붓다의 생각인 것이다.

윤회(Samsara)에 대하여

붓다가 영혼에 대해서 어떠한 생각을 가지고 있었는지, 윤회에
대해 어떤 생각을 가지고 있었는지에 대해서는 의견이 분분하다.
우리는 붓다의 생각 속으로 들어가 볼 수 없으므로 이 자리에서 확
실한 결론을 말하기는 어렵다. 불교의 경전에는 붓다 자신이 소멸
론자가 아니라고 하는 부분이 분명히 나오며(사유경[蛇喻經]), 초기
경전에도 윤회에 대한 이야기가 수없이 많이 나온다.

붓다는 가르침을 위한 방편으로 범천(梵天)을 이용하였듯이 윤회
를 이용한 것으로 보인다. 이것은 유치원 선생님이 '그런 짓을 하
면 지옥에 간다'고 아이를 훈계하는 것과 같다. 가르침을 위한 수
단으로 지옥을 이야기했어도 그 유치원 선생님이 지옥을 믿고 안

---

12) 안아트만: '나' 즉 '아트만'이 존재한다는 믿음을 부정하는 무아 '안아트만' 사상은 불
교 전체의 핵심적인 사상이라고 할 수 있다.

믿고는 별개의 문제이다.

영혼이 없으면 윤회가 불가능하므로 영혼은 윤회의 전제가 된다. 그러나 붓다의 가르침의 최고봉은 무아(無我)로 영혼의 존재가 부정된다고 보아야 할 것이다. 따라서 윤회라는 것은 있을 수 없다.

어떤 사람이 달을 가리키면 그 앞에 있는 사람은 대개 달을 쳐다본다. 그러나 강아지들은 절대 달을 쳐다보는 법이 없고 손만 쳐다본다. 손안에 건빵이 있는지 오징어 다리가 있는지 아니면 비어있는지를 본다. 손안에 먹을 것이 있는 경우 주인의 행동은 매우 의미 있는 것이지만 비어있을 경우 강아지에게는 주인의 행동이 미스터리이다. 달과 연관이 지어지지 않기 때문에 도무지 이해할 수 없는 것이다. 이때 달이 무아(無我)를 상징하는 불교 최고의 진리라면 손가락은 방편이다.

경전 그 자체는 모두 방편이라고 보면 될 것이다. 경전의 글귀에 너무 집착하면 진리를 놓치게 될 수도 있다.

그렇다면 붓다가 환생이라고 이야기한 것은 무엇을 의미하는 것인가? 그가 영혼의 환생을 믿지 않았다면 물질의 환생을 믿었던 것으로 보아야 한다. 무엇이 환생인가는 물질의 순환에 대한 과학적인 이야기가 답변이다. 다음은 누구의 환생인가라는 문제가 남는데, 붓다가 누구의 환생이라는 이야기를 믿었을 가능성이 없다. 답은 망자로부터 분리된 여러 요소들이 재결합하여 새로운 육체를 형성하는지의 여부에 달려있으며 그럴 경우에만 동일한 존재의 환생이 가능한 것이다.

붓다의 전생 카르마는 과학적이다. 탄생은 발생학적인 것이며 자식의 모든 형질은 부모로부터 전수되는 것이라고 믿었다. 붓다는 결코 전생의 카르마가 유전된다는 것을 믿지 않았다. 자이나 교도들과의 문답에서 직접적인 증거를 찾을 수 있다.

"니칸타(자이나 교도)여, 당신들은 자신들의 전생이 있었는지 없었는지 알고 있습니까?"

"모릅니다."

"전생에 악행이 있었는지 죄과가 있었는지 알고 있습니까?"

"모릅니다."

"니칸타들은 전생의 악업 때문에 현세가 즐겁지 않으며 전생의 악업을 속죄하거나 악업이 소멸되어야 고통도 물러갈 것으로 단언하고 있습니다. 그러나 인간의 고통과 기쁨은 인간들이 태어난 환경 때문이므로 그대 니칸타들은 잘못 알고 있는 것입니다."

전생이론은 순전히 힌두교의 교리일 뿐이다. 전생의 업이 현세에 영향을 미친다는 주장은 힌두교의 영혼설과 전적으로 일치하는 반면, 불교의 무아설과는 아무래도 맞지 않는다. 전생 카르마가 현세의 생활에 영향을 미친다는 것은 불교를 힌두교와 유사하게 만들려고 하는 사람이 불교의 교리 중간에 그것을 응용해 넣은 것이라고 보아야 한다.

또한 붓다는 환생이 있다고 설법하는 한편 윤회(Samsara)는 없다고 설법하였다. 이를 두고 상호 모순되는 두 가지의 교리를 설법했다고 비판하는 사람들이 없지 않다. 비판자는 윤회 없이 어떻게 환생이 존재하느냐고 말한다. 이 점에 관해서는 『밀린다 왕문경』에서 나가세나 장로가 메난드로스 왕에게 답하는 것을 살펴보도록 하자.

메난드로스: 붓다는 환생을 믿었소?

나가세나: 그렇습니다.

메난드로스: 영혼의 존재는 믿었소?

나가세나: 그렇지 않습니다.

메난드로스: 그것은 모순이 아닌가? 어떻게 영혼이 없는 환생
　　　　　　이 있을 수 있소?

나가세나: 물론 있을 수 있습니다.

메난드로스: 어떻게 가능한지 예를 들어 설명을 좀 해보시오.

나가세나: 전하, 한 램프에서 다른 램프로 불을 옮겨 붙이는 것
　　　　　　을 윤회라고 할 수 있겠습니까?

메난드로스: 분명 그렇지 않소.

나가세나: 윤회가 없는 환생도 그와 똑같은 것입니다.

메난드로스: 좀 더 설명해 주시오.

나가세나: 전하는 소년 시절에 선생님께서 배운 시구(詩句)를 기억하고 계십니까?

메난드로스: 기억하오.

나가세나: 그렇다면 그 시구는 선생님에게서 윤회한 것입니까?

메난드로스: 분명히 아니오.

나가세나: 전하, 윤회가 없는 환생은 그와 똑같은 것입니다. 영혼이란 절대로 존재하지 않습니다.

메난드로스: 잘 알겠소. 나가세나.

고대인도의 물질관

붓다 시대 지식계층의 물질관은 어떠하였을까? 육사외도 중의 하나인 순세파 아지타 케사캄발라는 삼라만상은 지수화풍(地水火風)의 4대 조합으로 이루어지고, 그 지수화풍은 극미(極微)라는 더는 분리할 수 없는 원소로써 이루어진다고 보았다.

극미란 오늘날의 원자와 같은 개념인 셈이다. 불교의 관심이 물질에 있지 않기 때문에 그러한 관점에 대해 불교는 특별한 반대 없이 수용을 하는 입장이었다. 불교뿐만 아니라 다른 모든 종교나 사상유파에서도 이 물질관을 받아들였다.

현대적 물질관으로 본 인체

인체는 소화기계, 순환기계, 신경계, 골격계, 근육계 등 기관으로 이루어져 있고 기관은 다시 상피조직, 신경조직 등 조직으로 이루어져 있으며 모든 조직들은 기본적으로 세포로 이루어져 있다. 세포는 물과 단백질, 지방, 무기질로 구성된다. 구성원소별로는 O, C, H, N, Ca, P, K, S, Na, Mg의 순서대로 10개의 원소가 인체구성의 99% 이상을 차지한다.

우리는 3~4kg 내외로 태어나 60~80kg 전후까지 약 20배 내외로 성장한다. 태어날 때의 3kg은 어머니가 섭취한 음식물로, 지금의 60kg은 내가 섭취한 음식물을 기초로 이루어진다.

사람이 죽으면 그 육신을 이루는 구성요소가 어떻게 유전하는지 그중의 대표적인 원소인 질소(N)의 경우를 예로 들어 살펴보자. 사람이 죽은 다음 땅속에 묻혀 일정 시간이 흐르면 고분자물질인 단백질의 연결고리가 끊어지면서 질소를 포함하는 유기화합물이 된다. 이는 다시 무산소성 세균에 의해 불완전분해를 하면서 각종 아민이나 황화수소 등의 가스가 되어 공기 중으로 흩어지기도 한다. 암모니아염은 또다시 질산균 등에 의해 아질산염을 거쳐 질산염이 되어 흙 속에서 식물의 뿌리로 흡수될 준비를 완료한다. 물론 암모니아염을 직접 흡수할 수 있는 식물도 있기는 하나 일반적인 것은 아니다.

단백질 중의 질소의 이러한 유전은 고분자물질이 저분자물질화하는 이화작용(異化作用)의 대표적인 경우이다. 동화작용(同化作用)이라고 하면 이의 역순으로 저분자물질을 고분자물질화하는 작업인데 이는 주로 식물이 담당한다. 식물은 뿌리로부터 질산염을 흡수하여 아미노산과 단백질을 만들며, 이 아미노산과 단백질은 직간접적으로 인체에 섭취되어 몸을 구성하는 단백질로 다시 자리 잡는다.

이러한 원소의 유전은 반드시 사람이 죽어서 땅에 묻혀 썩거나 화장되어서 타는 것으로만 이루어지는 것이 아니다. 살아있는 동안에도 몸을 구성하는 원소의 치환은 계속해서 이루어진다. 피부조직을 예로 들면, 한 달을 주기로 계속해서 새로운 조직들이 기저층에서 올라오고 가장 바깥의 각질층은 표피에서 지속적으로 떨어져 나간다. 다소 시간의 차이는 있겠지만, 새로운 음식물의 섭취로 전신의 세포들은 모두 새로운 물질로 바뀌어 나간다. 물질을 구성하는 원소를 기준으로 본다면 작년의 나는 지금의 나와는 완전히 다른 것이다. 1년 전의 원소는 하나도 남아있지 않고 다 바뀐 것이다.

붓다 당시의 언어로 표현하면 사람의 몸을 구성했던 지수화풍이 흩어졌다가 다시 극미(極微)로 분리되어 우주공간을 떠돈다. 그러다 어떤 인연에 의해 다시 극미가 지수화풍을 거쳐 다른 사람의 인체 구성요소가 되는 것이다. 사람이 죽어야만 원소의 순환이 일어난다고 생각하는 것은 틀린 것이다. 살아있는 중에도 순환은 끊임없이 일어난다.

붓다는 이러한 물질의 순환을 이야기하고 있다. 지금의 내가 해체되어 원소로 떠돌다가 어떤 계기로 너의 구성요소가 된다. 이 과정에서 기억이 어떻게 건너가겠는가? 건너간다고 하면 그것은 어리석은 연역이며 미신의 출발점이 된다. 현대과학과 붓다의 관념을 비교해보면 사용하는 용어만 다를 뿐, 그 내용은 서로 상충하는 것이 하나도 없다.

인체를 구성하는 세포는 세포분열을 통해 자기와 똑같은 젊은 세포를 만들어낼 수 있지만 그 세포분열이 무한정 허용되는 것이 아니고 평생 50회 정도로 제한되어 있다. 이것을 '헤이플릭의 한계'[13]라고 한다. 이 한계점을 넘어선 세포는 인체에 머무를 수 없기 때문에 50~60세에 이르면 직장에서 은퇴하듯이 물러나야 한다. 세포분열이 이루어지는 속도에 따라 빠르고 늦고의 차이는 있

---

13) 헤이플릭의 한계: 인간의 체세포는 분열하는 횟수가 50회 내외로 한정되어 있고, 그 이후로는 분열능력을 상실하여 노화한다는 학설이다. 이 현상을 발견한 사람을 기념하기 위하여 헤이플릭분열의 한계라고 이름 지었다.

겠지만 비교적 분열이 왕성한 인체의 각질층 피부세포는 한 달 만에 전부 새것으로 교체된다. 일 년 만에 만나는 친구는 일 년 전의 친구가 아니다. 물질의 측면에서는 그것이 사실이다.

이와 같이 물질 또는 원소의 측면에서 일 년 전의 나는 지금의 나와는 완전히 다른 것이지만 사람들은 여전히 나라고 인정을 해 준다. 나 자신도 일 년 전의 나와 똑같은 나라는 사실을 믿어 의심 치 않는다. 그것은 물질에 어떤 고유한 정보가 전달되기 때문인 것 으로 분자생물학자들은 이야기한다. 나라는 것은 물질이라기보다 어떤 고유한 나라는 것을 정해주는 정보라는 것이 과학자들의 시 각이다. 사람마다 고유한 DNA 염기서열의 유전정보는 붕어빵의 틀과 같다. 밀가루와 팥 앙금은 바뀔지라도 계속해서 찍혀 나오는 붕어빵은 항상 같은 모양이다. 뇌세포를 이루는 물질은 바뀔지라 도 같은 DNA 염기서열로 인하여 뇌는 계속해서 같은 꿈을 꾸게 된다.

붓다가 영혼에 의한 환생을 믿지 않고 물질에 의한 환생을 믿었 다면 그 환생은 꼭 죽어서만 이루어지라는 법이 없다. 또한 꼭 사 람으로만 환생하라는 법도 없다. 사람이나 동물로의 물질순환은 앞에서 살펴보았듯이 먹이사슬 과정으로 인해 그 경과가 복잡하 여 시간이 많이 걸릴 것이고, 식물과의 환생은 쉬워서 빨리 이루어 진다.

힌두교의 전생교리는 어떠한 목적하는 바를 숨기고 있을 가능성이 있다. 가난한 사람들과 신분이 낮은 사람들의 비참한 상태에 대한 사회의 책임을 회피하려는 냉혹한 의도를 품고 있을 수 있다는 이야기이다. 모든 내막을 다 알고 있는 붓다가 그러한 교리를 지지하지 않았다고 보는 것이 맞을 것이다.

붓다와 동시대에 있었던 자이나교는 극단적인 불살생의 아힘사[14]를 강조하는 반면, 힌두교는 그들의 교리 속에 살생의 의지를 숨기고 있다. 붓다의 견해는 이러한 양극단에서 중도적이다. 자이나교처럼 죽이지 않는 것을 규칙화하지는 않았지만 모든 살아있는 것에 대한 자비심을 가지라고 하였다. 그것은 개개인의 판단에 모든 것을 맡긴다는 것을 의미한다.

인간은 자기의 지혜에 의거해서 불살생의 필요성을 찾아내야 한다. 붓다는 보시에서 제공되는 고기를 먹는 것에 반대하지 않았다. 승단의 구성원은 절대 육식을 해서는 안 된다고 주장하는 데바닷다의 주장에 동의하지 않았다. 승단의 구성원이 직접 살생에 참여하지 않는 한 고기를 먹는 것을 허용한 것으로 볼 수 있는데, 이는 양극단을 피하고 중도의 길을 선택한 것이다.

---

14) 아힘사: 부정을 의미하는 '아'와 살생을 의미하는 '힘사'의 합성어. 모든 살아있는 존재에 대한 불살생 비폭력 동정 자비를 의미한다. 자이나교에서 아힘사는 기본 덕목이자 모든 행동의 기준으로, 다른 어떤 종교보다 철저하게 이를 실천에 옮긴다.

매우 흥미로운 종교, 자이나교

불교는 카스트제도를 정면으로 부정하는 만인평등이라는 너무나도 혁명적인 사상을 인도에서 펼치다가 거대한 힌두교의 탁류에 떠내려가서 사라지고 말았다. 하지만 불교와 비슷한 교리를 가졌으나 힌두교에 순응한 자이나교는 아직도 인도에 남아있다.

자이나교에도 깨달은 이를 의미하는 지나(Jina: 승리자)가 있으며 불살생과 생명존중을 의미하는 아힘사를 주요 교리로 삼는다. 자이나교에서는 영혼을 감각과 의식을 가진 독립체로 인정하며, 신축자재(伸縮自在)[15]하여 머무르는 신체에 따라 그 크기도 변한다고 본다. 이 점이 무아를 펼치는 붓다의 교리와는 확연히 다르다.

자이나교 교조 마하비라는 30세에 출가하여 12년 고행 후 진리를 깨달아 지나가 되었다. 그 후 그는 30년간 인도 전역을 유행하며 설교를 펴다가 72세에 입멸하였다. 교조 마하비라 부친의 이름이 싯다르타인 등 불교와 유사한 점이 한두 가지가 아니다.

자이나교는 나중에 무소유를 중요시하는 공의파(空衣派: 나행파라고도 한다)와 불살생을 중요시하는 백의파(白衣派)로 갈라진다. 공의

---

15) 신축자재: 늘였다 줄였다 하는 것을 마음대로 한다는 뜻이다. 즉, 어린 아기일 때는 영혼의 크기도 작지만 점점 몸이 커짐에 따라 영혼도 따라서 커진다는 개념이다.

파는 무소유를 너무나 강조하는 나머지 속옷까지 모두 벗어던지고 벌거숭이로 다닌다. 더운 지방에서는 그것이 가능했으리라 본다. 당연히 발우도 소유하지 않는다. 그렇다면 공의파 승려들은 발우도 없이 식사를 어떻게 해결할까? 필자는 공의파 고승들의 식사 광경을 우연히 본 적이 있지만 공개적으로 이야기하기는 좀 곤란하다. 그것이 일반에게는 아직도 미스터리로 남아있다. 인도에서 살면 심심치 않게 공의파 자이나 교도들의 나체 가두행진을 구경할 수 있다.

백의파는 불살생을 너무나 중요시하다 보니 호흡할 때 날벌레가 콧구멍 속으로 들어오지 않도록 얼굴에 흰 천으로 마스크를 하고 다니는 것이 특징이며, 또한 흰 천으로 머리와 전신을 감싸고 다닌다. 자이나교에서는 단식을 통한 죽음(Sallekhana; 살레카나)을 가장 이상적인 죽음의 형태로 삼는다. 왜냐하면 먹는 행위를 하는 과정에서 알게 모르게 많은 생명을 죽고 다치게 할 수가 있기 때문이라는 것이다. 특히 구근류는 먹지 않는데 그 이유는 구근류를 땅에서 캘 때 벌레를 죽일 가능성이 더 많기 때문이라고 한다.

교조를 비롯한 많은 자이나 고승들이 이러한 단식을 통해 죽음을 맞이하였다. 그러나 가만히 생각해보면 벌레를 살리기 위하여 사람이 극한의 고통 속에서 굶어죽는다는 것이 과연 이치에 맞는 것일까 하는 생각이 들어 고개가 갸웃거려진다.

어쨌든 자이나 교도들은 이러한 생명존중사상 때문에 쟁기질을 하다가 불가피하게 벌레들을 죽일 수 있는 농업에 종사하는 것을 멀리하였다. 그래서 먹고살 길을 모색하다가 찾아낸 것이 바로 상업이나 금융업이다. 그 덕분에 현재 인도에서 백의파 자이나 교도들은 인도의 유대인으로 불리며 최상류층의 부를 누리고 있다. 인도에도 우리와 같은 재벌그룹이 있는데 그중 상당수는 바로 이 백의파 자이나 교도이다. 필자도 사업상 백의파 자이나 교도들 친구가 많이 있었다.

바람을 쐬려고 차를 몰고 델리 인근의 야무나 강을 찾아가 보기로 한다.
끝없이 펼쳐진 야무나 강가의 밀밭에 서니 바람을 타고 붓다의 게송이 귓전에 들려오는 듯하다.

친구 니칸타여

나는 얼마 전, 저 들판의 잘 여문 밀로 있었네
또한 나는 얼마 전, 선한 눈의 암소로 있었네
누구의 전생이 누구라는 말은
오직 영리한 인간이 지어낸 말
그런 말은 믿지 마시게
길고 긴 일체개고의 순환을 끊어보려고

육 년 고행의 시기에는 한 줌의 쌀로

또는 한 줌의 참깨로도 있어보았네

그 순환은 생각으로는 끊을 수 없고

오로지 대열반의 적멸로 끊을 수 있네

오오 친구 니칸타여 왜 스스로 목숨을 끊으려 하는가?

왜 극한의 고통 속에 생을 마감하려 하는가?

그대와 나는 생각이 많이 같은 친구

그래서 더 안타까이 그대를 생각하나니

나는 알고 있다네 그대의 뜻을

그대의 몸속에서 신축자재(伸縮自在)하고 살고 있는

아트만을 영원히 삼사라에서 해방시키면

그대는 승리자 지나가 된다는 것을

친구 니칸타여,

나는 그대를 말릴 수는 없지만

이것 하나만은 말하고자 하네

아트만은 헛된 것, 그 실체가 없다네

니칸타의 생각을 어떻게 할 수 없어

안타깝기만 하네

3. 붓다의 숙명론 타파

인간 붓다

청년 고타마 싯다르타는 동북부 인도 보드가야의 니란자나 강 건너 언덕의 보리수나무 아래에서 어느 날 새벽 동쪽 하늘의 빛나는 별빛과 눈을 마주하면서 홀연히 무상정등각을 이룬다. 이 우주에서 자신보다도 더 높은 정신적인 존재는 없다는 것이 확인되고 선언되는 순간이다. 그러나 붓다 즉, 깨달은 자가 되었다고 해서 금강불괴[16]의 몸이 된다는 것을 의미하지는 않는다. 식사를 하지 않으면 여전히 배가 고프고 황톳길을 걸으면 발에 먼지와 때가 끼

---

16) 금강불괴: 도검불침의 금강지체와 수화불침의 불괴지체를 합쳐서 이르는 말이다. 금강석처럼 강건한 신체를 가져 모든 외부의 침해로부터 스스로를 방어해 내는 신비한 능력을 가진 몸이라는 의미이다.

어 씻지 않으면 안 된다. 강건한 체질을 가지기는 했지만 대열반에 드는 마지막 순간까지 여기저기 아플 수도 있는 인간의 모습을 유지하고 있었다.

붓다가 어느 날 탁발을 나갔는데 우연히도 그날은 고대인도의 밸런타인데이였다. 뭇 남녀들이 시시덕거리며 노느라 바빠서 탁발 나온 수행자에게 눈길조차 주지 않는 것이었다. 일반인들 같으면 당연히 자존심에 큰 상처를 받았을 법하다. 아무리 깨달음을 얻은 천상천하의 유일한 존재라 하더라도 그 순간만은 소외받은 쓸쓸한 감정 비슷한 것은 있었을 것으로 생각된다. 더욱이 하루 한 끼의 식사를 원칙으로 하는 승단의 규율로 인해 식사 시간이 지나면 그날은 식사를 못하게 된다. 쓸쓸히 숙소로 돌아오시는 길에 마왕 마라는 속삭인다.

"지금 다시 시내로 들어가시면 밥을 얻을 수 있습니다. 자 다시 한번 시내로 들어가시지요?"

붓다는 빙그레 웃으시며 대답하신다.

"되었네, 이 친구야. 그까짓 하루 안 먹는 것이 대수인가? 그것 아니라도 나는 정신의 기쁨으로 살아갈 수 있다네."

6년 고행의 시절에는 등가죽과 뱃가죽이 맞닿을 정도로 일부러 먹지 않고 수행에 몰두했던 분이다. 정말로 그 정도는 대수가 될 수가 없다. 그렇지만 약간의 쓸쓸한 인간적인 느낌이 스치고 지나간 것이 사실인 것 같다. 마왕 마라를 별개의 존재로 보지 않고 내면의 소리 같은 것으로 본다면 더욱더 그러하다.

하루는 붓다께서 아들 라훌라를 불러놓고 훈육을 하시는 중이었다. 붓다께서 자신의 발을 씻은 대야의 물을 가리키면서 라훌라에게 물으신다.

"라훌라야, 이 대야의 물을 어떻게 해야 하느냐? 다시 쓸 수가 있겠느냐?"

이 부분을 읽게 되는 우리는 약간의 혼란을 느끼게 된다. 만약에 현대의 우리가 그 질문을 받았다면 당연히 대야의 물을 집으로 가져가려 할 것이다. 왜냐하면 오랜 세월을 거치면서 붓다는 신격화되거나 이미 신이 된 존재이기 때문에 발 씻은 물이라 할지라도 버릴 수 없을 것 같은 생각이 들어서이다. 마당에 모셔놓기만 해도 참배객이 줄을 이을지 모른다. 아니면 복을 받기 위해 대야의 물을 전부 마시려는 사람도 있을지 모른다. 작은 병에 나누어 담아 팔려고 하는 사람이 나타날지도 모른다. 그러나 라훌라의 대답은 금방 떨어진다.

"다시 쓸 수가 없습니다. 그래서 버려야 합니다."

아버지이신 붓다께서 기다리시던 대답이다. 만약에 라훌라가 엉뚱한 대답을 했더라면 붓다께서도 준비했던 훈계를 하시는 데 잠시 차질을 겪었을 것임이 틀림없다.

워낙 건강한 몸을 타고나셨으나 말년의 붓다께서는 등병을 앓으셨다. 몹시 견디기 힘이 들어 아난다에게 이렇게 말씀하신다.

"아난다야, 등이 몹시 아프구나. 좀 누워야겠다."

마지막으로 고향으로 돌아오시는 유행 길에 대장장이 춘다의 상한 돼지고기 요리를 공양 받은 붓다께서 급성장염을 일으켜 심하게 설사를 하게 되고 그로 인해 돌아가시게 된다.

지금까지 내려온 이러한 이야기들을 면밀히 살펴보면 어떠한 경우에도 붓다에게서 인간이 아닌 신적인 모습을 찾아볼 수가 없다. 인도에서 발생된 불교가 중국과 우리나라에서 대승화하는 과정에서 부처님으로 신격화되었고, 마지막으로 일본으로 넘어가서는 기독교나 이슬람교와 같은 수준의 유일신으로 변모한다.

붓다가 살아있을 당시부터 승단 내부에서 붓다를 신격화하려는 움직임이 있었고 붓다 자신도 미래의 이러한 사태에 대해 어느 정도 예감을 한 것 같다. 그래서 붓다는 직계제자들에게 절대로 그러한 일이 일어나지 않도록 거듭 신신당부를 하였다. 그 결과 붓다가 입멸한 후 백 년 동안의 초기불교시대에는 그러한 신격화 운동이 잠잠하였다.

불교와 자연과학이 통섭[17]하는 배경에는 이러한 붓다의 철저한 인간 선언이 있다. 신격화되거나 신이 되면 자연과학과는 멀어질

---

17) 통섭: 큰 줄기를 잡아 한데 묶어 새로운 것을 잡는다는 의미로, 지식의 통합이라고 부르기도 한다.

수밖에 없다. 물 위를 걷거나 죽은 자가 살아나는 기적을 일으킨다면 그것은 신학 내에서만 가능한 이야기이며 자연과학은 더 이상 교류를 원하지 않을 것이다. 신격화를 위하여 한 가지 이야기를 지어내면 그것을 합리화하기 위하여 다른 이유를 내어놓아야 하고 이것이 계속되면 결국에는 공리 즉, 우주의 법이 모두 무너져 내리게 된다. 신격화의 대가로 실로 엄청난 것을 지불하지 않으면 안 된다. 이를 잘 아는 붓다는 자신의 신격화를 극구 말린 것이다.

육사외도

붓다가 태어난 기원전 5~6세기의 인도에서 당시 그 시대를 지배했던 유일한 종교였던 브라만의 권위에 저항하여 다양하고 혁신적인 종교·철학 사상이 등장한다. 중국으로 치면 춘추전국시대의 백가쟁명을 연상할 수 있다. 이들 모두는 공통적으로 브라만의 권위를 부정하면서 새로운 세계관을 제시하는 자유로운 사상가들이었다. 기존의 브라만교가 신과 같은 형이상학적인 문제에 붙잡혀있는 반면 이들은 현실생활 속에서 인생의 의의를 찾아내려는 형이하학적 요소에 더 깊은 관심을 두었다.

불교의 입장에서는 이들이 외도(外道)가 될 수밖에 없지만 이들을 부정적인 것으로만 평가해서는 안 될 것으로 보인다. 불교와 맞지 않아 거부되는 요소들도 있을 수 있고, 맞는 부분은 이미 불교가 수용하고 있을 수 있다. 우리는 이 육사외도를 통해 붓다가 무엇을 가장 염려하였는지를 알 수 있다. 이들 외도들의 주장을 하나씩 살펴보기로 하자.

① 푸라나 카사파

이 사람은 비록 패하기는 했지만 붓다와 한판 토론을 벌인 적이 있다. 인과응보를 부정하고 윤리에 대해 회의를 표명하며 도덕이 필요 없다고 주장했다. 그는 이렇게 말한다.

"선악이란 원래 있는 것이 아니다. 그것은 인간이 편리에 의해서 만들어낸 것에 불과하다. 이를테면 갠지스 남안에서 사람을 죽였다 하더라도 들키지만 않는다면 그에 대한 나쁜 업보는 없다. 갠지스 북안에서 보시 제사 등의 좋은 일을 하였다 하더라도 좋은 업보를 기대할 수는 없다. 모든 행위는 결과와 관계가 없다. 따라서 업이라는 것도 없으며 업에 의한 응보도 없다. 길흉화복은 단순히 우연에 의해서 나타난다."

푸라나 카사파는 원래 노예 출신으로 주인을 피해 도망을 갔다가 붙잡히면서 입고 있던 옷을 모두 빼앗겼는데, 그때 뻗친 오기로 인해 다시는 옷을 입지 않고 벌거벗은 채로 평생을 지냈다고 한다. 그래서 나형외도라고도 불린 그는 말 그대로 시대의 혁명아이자 자유사상가였다.

② 산자야 벨라티푸타

회의론을 주장하며, 진리를 있는 그대로 인식하고 서술하기란 불가능하다는 불가지론을 편다. 미꾸라지처럼 잡기 어려운 논의라고 하여 미꾸라지학파 또는 기분파로도 불렸다. 누가 산자야에게 저세상이 있느냐고 물으면 그는 이런 식으로 대답한다.

"만일 내 생각에 다른 세상이 있다고 생각되면 있다고 대답해야 한다. 그러나 나는 그렇게 말하지 않고 저렇게도 말하지 않는다. 그렇지 않다고 말하지도 않으나 저렇지 않다고도 말하지 않는다. 그렇지 않은 것이 아니라고 말하지도 않으며 저렇지 않은 것이 아니라고도 말하지 않는다."

이런 식의 답변을 들으면 질문을 한 사람은 내가 왜 질문을 했던가 후회막급 하면서 미궁 속으로 빠져들게 된다. 붓다의 10대 제자 가운데 목건련과 사리자가 원래는 산자야의 제자였으니 불교와의 인연도 깊다.

③ 아지타 케사캄발라

극단적인 유물론적 사관이다. 인간을 포함한 세상만물은 지수화풍의 사대(四大)로 이루어진다고 본다. 삶이란 지수화풍의 사대원소가 결합해 있는 상태이며 죽음이라는 것은 이 사대원소가 각기 제자리로 돌아가는 것이다. 사후세계나 영혼 같은 것은 없다. 윤회도 과보도 없다. 현세의 삶이 최초이자 최후이므로 인간은 거저 즐기고 살아야 한다. 이러한 쾌락주의적 사고방식으로 인해 사탕발림파 또는 순세파(順世派)라는 별명을 가지고 있었다. 이 유파에서 나온 지수화풍의 사대이론은 인도의 전 사상체계가 인정하여 받아들이고 있다.

④ 파쿠타 카자야나

인간의 생명이나 특질은 영속한다는 점에서 유물론과 반대되지만 선악의 인과를 부정한다는 점에서는 도덕부정론과 유물론에 가깝다. 생명의 불생불멸을 주장하면서 죽이는 자도 죽임을 당하는 자도 가르치는 자도 가르침을 받는 자도 없다고 주장한다. 불멸론이라는 별명을 가지고 있다.

⑤ 니칸타 나타풋타

영혼과 육체의 이원론을 주장하며 극단적인 고행과 생명존중사상 아힘사를 강조한다. 나중에 자이나교로 발전한다.

⑥ 막칼리 고살라

숙명론(宿命論)을 내세운다. 흔히 사명외도(邪命外道)로 불리는 이 유파는 인간을 포함한 모든 생명의 숙명이 운명적으로 결정되어 있다는 입장을 취한다. 인간이 번뇌에 오염되는 과정이나 깨끗해지는 과정에는 인(因)이나 연(緣)이 작용하지 않는다는 것이다. 인간의 의지와 자유를 부정한 최초의 사상유파였다. 이 숙명론적인 입장이 인간의 의지와 자유를 중요시하는 불교의 근본취지에 정면으로 어긋나기 때문에 불교로부터 그릇된 생활방식을 취하는 사람들이라는 혹평을 받게 된다.

이상으로 붓다 당시의 종교 사상유파인 육사외도를 살펴보았다. 그런데 이 여섯 개의 외도들 가운데 붓다가 가장 신경을 쓰며 경계한 유파가 있으니 그것은 바로 숙명론의 막칼리 고살라이다.

막칼리 고살라의 지론은 로마의 철인황제 마르쿠스 아우렐리우스의 숙명론과도 일맥상통하는 바가 있다. 사람이 살면서 자기의 의지대로 되는 것은 아무것도 없으며 모든 것은 이미 정해진 운명에 따라 이루어진다는 것이다. 상당히 수긍이 갈 수 있는 이야기이나 그것을 인정하면 인간의 의지나 노력은 별로 중요하지 않은 것이 되고 만다. 붓다가 염려하고 경계한 이유가 바로 거기에 있다.

붓다의 가르침은 인간 자신의 의지와 노력이야말로 자신의 운명을 바꾸고 사회를 변화시키는 유일한 출발점이 된다는 것이다. 그리고 매일 이 의지와 노력을 단련하여 잠시라도 나태해지지 않도록 요구한다.

아나율 이야기

아나율은 붓다의 십대제자 가운데 한 사람으로 흔히 천안제일(天眼第一)로 불린다. 그는 석가족 출신으로 다문제일(多聞第一) 아난다와 함께 출가했던 사람이다. 그는 어느 날 붓다 앞에서 졸다가 책망을 듣고 서원을 세워 잠을 자지 않고 정진하다가 마침내는 안질을 얻어 두 눈을 못 보게 되었다. 그러나 육안을 못 쓰는 대신 천안이 열려 천안제일이라 불린다. 심원한 통찰력에는 그를 따를 자가 없었다고 한다.

아나율이 붓다 앞에서 졸았을 때, 붓다의 혹독한 꾸짖음은 이러하였다.

"너는 수행하는 사문으로 한번 잠에 취하면 깨어날 줄 모른다. 아까도 설법을 들으면서 졸고 있었으니 이런 나쁜 버릇을 당장 고쳐야겠다. 조개가 한번 잠이 들면 한참을 깨어나지 않는다 하더니 너 역시 조개와 같구나. 그래서야 어찌 수행하는 사문이라 할 수 있겠느냐?"

정신이 번쩍 든 아나율은 당황스럽고 창피했다. 졸음이 싹 달아난 그는 즉시 붓다 앞에 무릎을 꿇고 지금부터 다시는 졸지 않겠다고 맹세하였다. 그날 이후 아나율은 아예 잠을 자지 않은 채 뜬눈으로 정진을 하였다. 마침내는 큰 눈병을 얻어 의원에게 보이니 의원은 아나율이 조금이라도 잠을 자야만 눈을 치료할 수 있다고 말했다. 결국 붓다는 아나율을 불러 수행은 도를 넘지 않아야 한다고 타이르며 잠을 자라고 말씀하셨다. 하지만 고지식한 아나율은 여래 앞에서 맹세한 약속을 이제 와서 어길 수는 없다고 하면서 짓무른 눈으로 정진을 계속하였다.

그러던 어느 날 아나율은 눈앞이 밝아지고 정신이 맑아지는 것을 느꼈다. 더는 아픔도 느껴지지 않았다. 또한 여태껏 눈으로 볼 수 없었던 모든 것이 환하게 보였다. 그 후 아나율은 선정에 들면 온 우주는 물론 천계와 지옥까지 걸림이 없이 볼 수 있게 되었다. 시력을 잃었으나 천안이 열린 것이다. 천안을 얻기는 했으나 눈이 보이지 않는 상황에서 탁발과 포교를 다니고 빨래와 청소, 설거지와 바느질 등을 하는 것은 쉽지 않은 일이었다.

하루는 아나율이 해어진 옷을 깁고자 더듬더듬 바늘과 실을 찾았다. 하지만 눈이 보이지 않아 도저히 바늘에 실을 꿸 수 없었다. 아나율은 혼잣말로 중얼거렸다.

"누구든 이 세상에 복을 지으려는 자가 있거든 나를 위해 이 바늘에 실을 꿰어 공덕을 쌓으시오."

바로 그 순간 붓다의 대답이 들린다.

"그 바늘과 실을 내게 다오. 내가 그 공덕을 짓게 해다오."

아나율은 놀라서 할 말을 잃었다. 붓다께서 바늘과 실을 받아 손수 옷을 기우며 말씀하셨다.

"괜찮다. 이 세상에서 나보다 더 자신의 행복을 열심히 찾는 사람도 없을 것이다. 나는 내 행복을 찾는 일이라면 목숨이라도 걸 것이다."

자신의 행복을 찾는 일이라면 자신의 목숨이라도 걸겠다. 이것이 붓다의 말씀이다.

비록 붓다와 아나율의 작은 일상의 한 장면이고 공덕 짓기라는 우리에게 금방 와 닿지 않은 개념이 중간에 있기는 하지만, 이야기 끝에 붓다는 자신의 목숨을 건다고 하는 엄청난 표현을 처음이자 마지막으로 하였다. 그러므로 붓다의 생각을 이해하고 따르려면 우리는 이 말을 통해서 붓다가 일반대중들에게 가르치려고 한 것이 무엇인지를 알아내야 한다.

앞에서 육사외도의 이야기가 있었지만 붓다는 틀린 것은 틀렸다고 하고, 옳은 것은 옳다고 하였다. 자이나교의 니칸타와는 친구 사이 정도로 토론도 하고 지적도 하며 지냈다. 벌거숭이 혁명아 푸라나 카사파는 귀여워 해주고 격려도 해준다. 그러나 붓다가 체질적으로 한 하늘을 같이하기를 꺼리는 유파가 바로 숙명론의 막칼리 고살라이다. 오죽하면 사명외도(邪命外道)라는 별명까지 붙여 인생을 그릇되게 사는 사람들이라고 했을까?

붓다의 철학은 확실하다. 정해진 운명이나 절대자의 의지 같은 것이 사람의 삶에 개입하여 좌지우지 하는 일은 없다는 것이다. 모든 것이 신의 뜻에 의해서만 전개된다고 믿고 있는 힌두교의 거대

한 탁류 속에서 기적과 같이 핀 한 송이의 꽃이 바로 붓다의 이 생
각이다.

　정해진 운명이 있다거나 절대자의 숨은 의지가 인간의 삶을 지
배한다는 생각은 인간을 나약한 존재로 만들 뿐 아니라 진리를 찾
는 데에도 큰 혼란만 가중시키는 등 삶에 아무런 도움을 주지 못한
다는 것이 붓다의 생각이다.

　오직 자신만이 자신의 운명을 바꾸어나갈 수 있고 오직 인간만
이 사회를 더 나은 쪽으로 바꾸어 갈 수가 있다. 이를 위해 깨어있
는 정신과 불방일(不放逸: 게으르지 않음)의 노력이 필요할 뿐이다.

　운명은 없다

　사람에게 정해진 운명은 없다네
　문제를 해결해줄 신도 없다네
　숙명론은 인간의 복리와 아무런 관계도 없고
　오직 세상에 미혹만 더할 뿐
　현재의 나는 과거의 나의 집합체
　미래의 나는 지금의 내가 만들어가고 있는 것
　어려서 어려운 것은 부모의 탓이나
　나이 들어도 계속 어려우면 그것은 자신의 탓
　계획을 세우고 노력하지 않은 오직 자신의 탓

오직 자신의 의지와 노력만이

자신의 운명을 만들고 바꾸며

그것이 모여 세상이 변화되어 간다네

이 말을 듣는 그대

잠시도 쉬지 말고 운명의 개척에 정진하라

인간 스스로야말로 자신과 사회를 변화시키는

진정한 주체가 될 수 있다

4. 붓다의 유언

붓다의 유언

너희들은 너 자신을 등불로 삼고 너 자신을 의지하여라. (自燈明)
진리를 등불 삼고 진리에 의지하여라. (法燈明)
이 밖에 다른 것에 의지해서는 안 된다.
모든 것이 덧없다. 게으르지 말고 부지런히 정진하여라.

붓다가 입멸하시기 전 마지막으로 남긴 유언이다.

싯다르타가 여덟 살 때 즈음 어느 권농제(勸農祭)가 열리는 날,
성 밖에 나갔다가 쟁기 날에 다친 지렁이를 보고 눈물을 흘리며 사
색에 잠기어 한참 동안 꼼짝하지 않고 그 자리에 앉아 있었던 적이

있었다. 설화에 따르면 그때 싯다르타는 어떤 나무 아래에 앉아있었는데 그 나무의 그늘이 그를 보호하기 위하여 어린 싯다르타가 사색에 잠겨있는 반나절 동안 꼼짝도 하지 않았다고 한다. 우리가 그만한 나이 때에는 개미나 파리, 개구리를 무수히 죽이고 놀았으며 지렁이를 보면 얼른 소금을 뿌리고 몸을 뒤트는 모양을 관찰하기도 했었다. 그만큼 어린 싯다르타는 남다르게 예민한 감성의 소유자였다.

그 무렵 싯다르타는 이미 자기를 길러주신 어머니가 친어머니가 아니라는 사실을 알고 있었다. 여섯 살 되던 해에 한 시녀로부터 그 사실을 알게 되었으며 그 이후 길러주신 어머니에게 어리광을 피우던 일을 일체 중단해 버렸다. 모든 짐승과 사람의 어린 것들은 모두 어미가 있어 보살피고 사랑을 해 주건만 나를 낳아주신 어머니는 어디로 가신 것일까? 죽는다는 것은 어떻게 된다는 것일까? 왜 나의 어머니만 돌아가셨는가? 우주와 자신을 연결하는 끈이 끊어진 듯 공허한 마음에 싯다르타는 어린 나이에도 불구하고 말수가 없고 사색적인 아이가 되었다. 만약에 어머니가 살아계시어 응석을 부릴 수 있었다면 그렇게까지 생각이 깊은 아이가 되지 않았을지도 모른다.

남달리 총명한 두뇌를 타고난 어린 싯다르타는 자신이 처한 애처로움을 먼저 자각하였기에 이를 주변에 펼쳐 모든 생명체에게도 애처로운 시각 즉, 자비의 마음을 쏟아낸다. 붓다는 이후 평생

동안 생명에 대한 자비심을 모든 수행의 출발점이자 귀착점으로
하였다.

　그렇게 평생을 보낸 붓다는 주어진 생을 다하고 이 세상을 떠날
순간을 맞이한다. 사람은 죽기 전에 가장 진실한 순간을 맞이한
다. 어리석은 대중들을 향한 한량없는 자비심과 애절한 사랑의 마
음이 오죽하셨겠는가? 그들이 눈에 밟혀 차마 떠나시기 어려운 이
별의 시간이다. 그러므로 이 유언은 붓다의 일생이 농축된 가장 진
실한 마음의 소리가 아닐 수 없다.
　그런데 이 유언은 누구를 주 대상으로 한 것일까? 그것을 알기
위하여 마지막 순간에 누가 가장 붓다의 눈에 밟혔겠는가를 생각
해볼 필요가 있다. 붓다의 마지막 유언이 출가승단용이 아니라 재
가신도용이라는 시각으로 다시 한번 살펴보자. 재가신도 가운데
에서도 권세와 재력을 가진 계층이 아니라 아무것도 가진 것 없이
다른 이들에게 휘둘리면서 고통 속에서 목숨만 부지하고 있는 하
층민들을 위한 것이라고 한번 가정해 보자는 것이다. 그렇게 보면
상당히 재미있는 새로운 이야기가 전개된다.
　승단에 출가하여 같이 수행을 해온 도반들에게는 탁발이라는 먹
고 살 방법을 이미 제시하였고 수행에만 전념하면 큰 문제가 없다.
그들에게는 마음의 평화를 얻느냐 마느냐의 문제만 남아있을 뿐,
굶어 죽는 문제는 없다.

절대빈곤의 고대인도에서는 스스로 먹고 사는 것을 해결해내지 못하는 사람들이 대부분이었다. 곳간에서 인심이 나는 법인데 탁발을 나가더라도 마음 편하게 보시를 제공받지 못하는 경우가 많았다. 그래서 승단 내에서도 잘사는 사람을 먼저 찾아가서 탁발하느냐 아니면 못사는 사람을 먼저 찾아가서 탁발하느냐를 놓고 논쟁을 벌이기도 하였다. 못사는 사람들에게 먼저 가야 한다고 주장하는 것은 그들에게 되도록 빨리 많은 복을 짓도록 하여 하루빨리 가난에서 벗어나도록 해야 한다는 이유에서였다.

계획적이고 조직적인 탁발을 하지 않으면 서로에게 매우 힘든 일이 될 수밖에 없었다. 방금 보시를 했는데 다른 사문이 또 와서 버티고 있고, 마지못해 보시를 또 했는데 다시 누가 와서 버티고 있다면 아무리 빨리 공덕을 쌓을 수 있는 좋은 기회라고 하더라도 보시를 계속 하기 어려웠을 것이다.

아무튼 붓다는 최후의 그 순간에도 스스로 먹고 살아가기 힘든 대부분의 대중들을 생각하고 있었음에 틀림없다. 잘난 척하고 쓸데없이 형이상학적인 것을 따지기 좋아하는 지식층을 붓다가 좋아하지 않았던 증거는 많이 찾아볼 수 있다.

그렇다면 붓다는 어리석고 먹고 살기조차 어려운 하층민들에게 도대체 무슨 말씀을 하시려고 한 것일까? 조금이라도 어려우면 그들은 이해를 못 한다. 아트만이 있네 없네, 사물의 속이 비었네 찼네, 상이 허상이네 실상이네 하는 것들은 이제 아무런 필요가 없다. 형이상학은 이제 쓰레기통 속으로 들어갈 시간이 되었다.

우선 살아남아라

붓다는 하층민들에게 험한 세상에서 무엇보다 먼저 살아남을 것을 당부한다.

"오직 자신에 의지하라"는 말씀이 바로 그것이다. 붓다가 신이 있다고 생각했다면 신에 의지하라고 분명히 말했을 것이다. 따라서 붓다의 무신이론과 오직 자신에게만 의지하라는 말은 서로 일맥상통하고 있다. 또한 사람(타인)에게도 의지하지 말라는 분부의 말씀이다. 엄격한 카스트제도 하에서 사악한 지배계층에게 모든 것을 빼앗기지 않기 위하여 절대로 남에게 의지하는 마음을 가지고 있어서는 안 되며, 스스로를 지킬 각오를 단단히 해야 한다.

현재의 인도사회는 그나마 사회주의를 채택하여 곡물 가격과 의료비를 저가로 유지해가는 덕분에 하층빈민들이 굶어 죽는 경우가 생각보다는 적다. 어둑어둑해져 가는 인도의 대도시 뭄바이를 차로 다니다 보면 이상스러운 광경을 목도하게 된다. 흰옷을 입은 사람 50여 명이 인도를 꽉 메우고 앉아있다. 검은 피부에 퀭한 눈동자와 흰자위들이 어둠 속에서 괴기한 분위기를 연출해낸다. 밀가루 떡 짜파티를 굽는 식당 앞이다. 돈 좀 있는 자선가가 내는 기부금으로 밀가루 떡이 제공되는데 1달러 정도면 50여 명이 한 끼를 해결할 수 있다고 한다. 그날도 누군가가 50루피(약 1달러) 정도를 기부한 사람이 있었던 모양이었다.

언젠가 인도의 동부지역을 여행할 당시 어느 호텔에 묵을 때였다. 냉장고를 여니 생수 두 가지가 있었는데 하나는 인도산이고 다른 하나는 눈에 익은 프랑스산 생수였다. 프랑스산 생수를 집어서 뚜껑을 따고 보니 가격표가 눈에 들어오는데 자그마치 10달러였다. 도로 닫아놓을 수도 없어 별수 없이 마셔야 했다. 호화로운 호텔에서 불과 50여 미터 떨어진 건너의 빈민촌이 눈에 들어왔다. 당시 그 생수 한 병 값 10달러면 빈민 한 사람이 1년을 먹고살 수 있다고 했다.

현재 인도의 한없이 싼 밀가루와 쌀값이 폭동이나 혁명 없이 상류층과 하류층이 함께 공존할 수 있는 사회주의식 타협방책인 것이다. 그러나 고대인도는 그런 것조차 없는 절대착취의 사회였다. 약육강식의 논리 하에 힘센 사람이 모든 것을 가져갔다. 따라서 하층계급은 동물보다 못한 생활을 하며 굶주리고 병들어 죽어갔다. 카스트제도란 이러한 현상을 당연시하고 합리화하는 상층계급의 논리였기에 원한을 사는 제도이기도 했다.

하층민들이 보기에 상위계급은 일을 하지 않고도 토지와 재물을 독점하고 호화롭게 살아간다. 그래서 하층민들은 그들 나름대로 악에 받쳐서 거짓말을 일삼고 상대방을 속여 조금이라도 우선은 가지려고 든다. 거짓말과 속임수는 인도인들에게 있어서 호흡하는 공기와도 같이 일상적인 것이 되어버렸다. 지옥 같은 세상에서 살아남기 위해서 나름대로 적응을 한 것이다.

여러분도 인도에서 살게 된다면 크고 작은 속임을 연속해서 당하게 될 것이다. 인도인 가정부에게 쌀을 사오라고 돈을 줘서 보내면 시장에서 돌아오는 길에 자기 숙소에 먼저 들러서 사온 쌀의 절반 이상을 풀어놓고 나머지만 들고 온다. 쌀이 엄청나게 싸기 때문에 한국인 안주인 눈에는 그 쌀도 돈에 비해 많아 보인다. 인도인 가정부는 조금의 양심의 가책도 없다. 힌두신이 그날 선물로 쌀을 내려주신 것이기 때문이다. 운전수들은 낮에 자기들끼리 포커놀이를 많이 하는데, 주유소 직원과 짜고 가짜 영수증을 발급해서 포커자금을 조달하는 경우가 있다.

이런 일을 몇 번 당해보면 사람의 말을 믿지 못하는 버릇이 자연스럽게 든다. 그래서 누가 뭐라고 하면 믿지 않고 반드시 확인을 하는 식으로 변하게 되는데, 잠깐 인도에 들른 한국인들이 인도에서 사는 한국인에게 그 점을 항상 지적해 준다.

더 나은 환생은 힌두교의 거대한 속임수

"살아남기 위해서는 남에게 의지하지 말고 오로지 자신에 의지하라"

이것이 붓다의 간곡한 당부 말씀이다. 순종을 잘 하면 죽고 나서 다음 세상에 차상위계급으로 다시 태어날 수 있다는 윤회사상은 카스트의 힌두교가 혁명과 폭동을 방지하기 위해 만들어낸 거대한 속임수이다. 눈을 감을 때까지 변동이 없는 절대고통의 생을 견뎌낼 수 있는 유일한 희망이 더 나은 환생이다. 그것마저 착각이라는 것을 붓다가 어찌 몰랐겠는가? 붓다께서는 불쌍한 빈민계층이 가지고 있는 유일한 희망을 차마 뺏을 수 없어서 그대로 인정하고 넘어갔을 것이다.

"진리(법)에 의지하라"

이것이 그 다음에 나오는 말씀이다. 하층빈민들이 일단 살아남는다고 해서 문제가 끝나는 것이 아니다. 죽음보다도 더 심한 고통이 그들을 기다리고 있는 것이다. 일단 살아남았으면 탐진치 삼독을 제거하여 그 고통을 줄여나가는 방법을 제시하신 것이다.

인류의 고통은 1차적인 화살에 의한 것도 물론 있지만 대뇌피질이 지어낸 2차, 3차적인 화살에 의한 가상의 고통이 더 크고 많다. 오직 사람만이 미래를 걱정하고 과거를 후회하며 쓸데없는 상상력을 동원하여 고통을 확대·재생산해 나간다. 탐진치를 다스리게 되면 1차 화살은 어쩔 수 없다 하더라도 2차, 3차 화살에 의한 고통은 상당히 줄여나갈 수 있다.

그러한 가르침에 의해서인지 아닌지는 확실치가 않지만 인도를 비롯한 인도네시아, 태국, 미얀마 등 남방 사람들은 확실히 낙천

적이다. 남·북미 대륙의 경우에도 남방계의 히스패닉들이 북방계보다 더 낙천적이다. 고기 한 덩어리와 테킬라 한 잔, 또 경쾌한 음악과 함께하면 그날은 천국이다. 붓다께서도 일반대중들에게 우선은 살아남되, 쓸데없는 욕심으로 없는 고통마저 더 지어내지 말고 마음을 다스려 편안한 마음을 유지하도록 당부하신 것이다.

모든 것이 덧없다

'덧없다'고 하면 우리는 우선 '허무하다'는 의미를 떠올리게 되나 여기서 '덧없다'는 '허무하다'가 아니고 '변한다(無常)'는 것을 의미한다. 당시 유력한 교세를 가졌던 힌두교나 자이나교는 영원한 불변의 어떤 것을 인정하는 견해를 가지고 있었는데, 붓다의 진리는 이 부분에서 그것을 정면 부정하는 독보적인 면을 나타내고 있다.

그러나 유언을 하시는 오늘 이 자리는 제자들에게 자신이 깨달은바 높은 법을 설하시는 자리와 다르다. 학식이 없고 재산도 없고 당장 살아가는 것 자체가 걱정인 하층민들에게 하신 '모든 것이 변한다'는 말씀은 무엇을 의미하는 것일까? 지금의 이 고통스런 시간이 지나가면서 반드시 변한다는 것이다. 고통 가운데 우선 살아남은 사람들에게 희망의 메시지를 던질 터이니 귀를 씻고 잘 들을 준비를 하라는 말씀이다.

게으르지 말고 부지런히 정진하라

어떻게 해야 무시무시하고 절대적이고 고통스러운 상황에서 변화를 가져올 수 있는가에 대한 해답을 제시하시고 있다. 게으르지 말고 부지런히 정진하라! 사실은 여기에 엄청난 비밀이 숨겨져 있다.

물론 승단의 제자들에게 이 말은 수행을 열심히 하여서 마음의 평화를 증득하라는 말이 된다. 그러나 하층빈민들에게는 조금 다른 의미를 가진다. 불교의 주요 교리가 욕심을 덜어 마음의 평화를 얻는 것인바, 재산을 늘려 부자가 되고 신분이 상승되는 것과는 일단 거리가 멀어 보인다. 그래서인지 불교의 방대한 경전 중에서 부자가 되고 신분상승하는 방법이 적힌 부분은 찾아보기 쉽지 않다. 더욱이 출가한 비구 제자들 앞에서 그런 비슷한 이야기라도 하기가 매우 어려웠을 것이다. 그렇지만 붓다의 유언이 앞에서도 언급한 바와 같이 출가승단용이 아니라 하층민용이라고 가정한다면 목적과 내용이 사뭇 다를 수 있다.

붓다께서 일반대중에게 일단 살아남고 마음의 평화를 찾으라고 당부하셨지만 그 다음에 지옥과 같은 현세의 질곡에서 벗어나는 길을 제시해야 이야기의 기승전결이 이루어진다. 일반대중에게 그것은 대체로 재물을 모으고 신분상승을 이루는 길을 의미한다. 우울한 감정과 그것에 이어지는 고통은 물질의 결핍과 관련이 있는 것이 사실이다. 그 결핍이 절대적이건 상대적이건 마찬가지이다. 신체적인 결함은 뿌리 깊은 열등감을 낳는다. 그와 같이 가난에 의한 물질적인 결핍도 똑같이 열등감을 낳는다.

시간을 50여 년 전으로 돌려보면 당시 초등학교 학생들 가운데 1/5 내외는 점심 도시락을 싸오지 못했다. 어김없이 찾아오는 점심시간이 되면 그 아이들은 무엇을 해야 하나? 명랑쾌활하고 리더십이 뛰어난 자질의 아이라 할지라도 가난이 짓누르고 있는 동안에는 그 자질이 밖으로 표출되지 못한다. 이와 같이 최소한의 인간다운 생활을 꾸려갈 수 있는 물질적인 기본은 일반사람들에게 꼭 필요하다.

붓다의 이름 싯다르타는 '모든 대상(또는 뜻한 바)을 이루다' 라는 의미의 범어(梵語) 사르와 아르타 싯다(Sarva Artha Siddha)에서 유래되었다. Siddha(이루다)와 Artha(대상)가 합해서 Siddhartha(싯다르타)가 되었다. 물론 붓다 자신이 지은 것이 아니라 아버지 정반왕(淨飯王)이 지은 것이다. 아버지는 아들이 주변국을 모두 통일하여 왕 중의 왕 전륜성왕이 되기를 소망하는 뜻에서 그렇게 지었으리라 생각된다.

'대상'을 의미하는 Artha는 목적하는 바이니 일반인들에게는 가장 먼저 부(富)를 의미한다. 그 밖에 명예건 사랑이건 권력이건, 추구하는 바가 그 대상이 될 수 있다. 구고구난(救苦救難)은 관세음보살에 의지하면 된다. 그러나 구고구난이 인생의 목적이 될 수는 없다. 그 다음에는 목적하는바 성취하는 것이 중요하다. 모든 사람들이여, 그 성취를 위해서 이렇게 한번 외워보자.

싯다 아르타! Siddha Artha!
뜻한 바가 모두 이루어지이다!

목적하는 바를 올바로 추구하는 것이 그릇된 것이 아니다. 불교
인이라고 해서 부를 추구하는 것을 부끄럽게 생각하거나 감추려
고 한다면 그것이 오히려 불교를 잘못 이해한 것일 수 있다. 붓다
는 부와 명예와 권력을 출가 전에 다 이루었기 때문에 그보다 한
단계 더 높은 이상을 찾아 나선 것이다. 그러한 붓다를 자신과 같
이 보고 부와 명예와 권력을 버려야 할 것으로만 본다면 이 또한
현명한 생각이 아닐 수 있다.

아함경에 나오는 붓다의 육성

재물을 얻기 위해서는,
첫째, 부지런하라.
둘째, 보시(布施)를 하라.

『아함경』을 보면 '재물을 얻기 위해서는 부지런하라' 는 것과 아
울러 '보시(布施)를 하라' 는 붓다의 육성이 나온다.
부지런하라는 것은 알겠는데 보시를 하라는 것은 어떻게 해석해

야 할까? 지하철의 걸인이나 교회 또는 절에다 기부를 많이 하여 공덕을 쌓고 그 공덕에 힘입어 장래 또는 다음 세상에서 나은 생활을 하는 것도 중요하지만, 당장 오늘 저녁거리가 없는 하층빈민에게는 거리가 먼 이야기이다. 보시를 하라는 이야기는 그들에게 자기의 육신을 불태워 이웃과 사회에 한 몸 바치라는 말이다. 앞의 부지런하라는 이야기와 같이 붙여서 생각하면 된다.

현대그룹의 정주영 회장이 청년 시절에 쌀집에 취직이 되자 주인에게 온몸을 바쳐 성실히 일한 것을 생각하면 될 것이다. 새벽에 일어나 마당을 쓸고 자신이 유일하게 자신 있어 하는 부기정리를 솔선해서 하는 등 부지런히 무언가를 세상에 제공하는 것이다. 부기는 그가 아버지의 소를 훔쳐 팔아서 서울의 부기학원에 35원을 맡기고 배운 젊은 시절 필생의 자산이다.

나중에 정주영 회장은 소 1,001마리를 몰고 휴전선을 넘어 고향으로 향한다. 아버지는 돌아가시고 안 계셨지만 소 한 마리는 원금이고 1,000마리는 이자였다고 한다. 정주영 회장은 '어떻게 사는가는 자신에게 달려있다' 고 하면서 자신의 몇 가지 생활철학을 정리했는데, 그중에 '돈을 가지고 싶으면 땀을 흘려야 한다' 는 내용이 있다. 너무도 당연한 이야기가 아니냐 하며 흘려버리지 말고 꼭 한번 마음에 새기고 실천에 옮기도록 노력해보는 것이 좋겠다.

또 한 사람, 우주의 비밀을 풀고 세상에서 성공을 이루어낸 예로 홍콩의 무술배우 성룡(成龍)을 들 수 있다. 그는 일반사람들은 평생에 한 대 가지기도 어려운 최고급 스포츠카를 수십 대 소유하고 있고 본인의 전용기를 가지고 있기로도 유명하다. 그러나 그는 얼마 전 자신의 전 재산을 아들딸에게 물려주지 않고 사회에 환원할 것을 공언하였다.

그의 부모는 극심한 가난 때문에 정원사와 가정부로 각각 일을 나가면서 7살의 성룡을 버리다시피 했다. 어린 나이에 세상의 뜨거운 맛을 본 그는 몸을 아끼지 않고 눈알을 좌우로 굴리며 살아남는 일에 몰두함으로써 오늘에 이를 수 있게 되었다. 그러한 연유로 그는 학교를 제대로 다니지 못해 문맹인 것으로도 유명하다. 우주의 비밀을 푸는 데 학교 공부가 반드시 필요하지는 않는 모양이다.

이소룡이 주연으로 나온 영화 〈용쟁호투〉에서 성룡은 엑스트라 겸 스턴트맨으로 등장한다. 물론 이소룡의 주먹에 얻어터지고 쓰러지는 단역이다. 그때 몸을 아끼지 않고 분투하는 것을 눈여겨본 이소룡이 성룡을 계속 불러다 쓰자고 권유하였다고 한다. 성룡은 카리스마나 외모나 실력으로나 도저히 이소룡을 따라갈 수가 없다는 것을 알고 쿵푸와 코미디를 합한 새로운 장르를 개척하여 오늘날의 성공에 이른 것이다.

붓다께서 보시를 하라는 말씀은 재물 보시라기보다는 몸 보시를 의미하며 그것도 가장 자신에 맞는 땀 흘릴 거리를 찾아낼 때 승수효과를 발휘할 수 있다. 무조건 일찍 일어나 부지런히 왔다 갔다

하며 여러 가지를 궁리하는 것을 시발점으로 하되, 무언가 세상에 도움이 되고 세상이 감응할 수 있는 것을 찾아내는 것이 중요하다.

수년 전 론다 번의 『시크릿』이 세계적으로 큰 선풍을 일으킨 적이 있다. 우주의 에너지를 자신에게로 이끌어 소원을 성취한다는 내용의 책이다. 소원을 이루는 방법으로 첫째는 우주에 자신의 원하는 바를 구체적으로 요구하는 것이고, 둘째는 그 다음에 기다리는 것이라고 한다. 가만히 있지 않고 무언가를 우주에 구체적으로 요구한다는 것은 대단히 큰 내디딤이다. 그러나 수년이 흐른 지금 그 열풍이 다소 시들해지고 있다. 무언가 좀 빠진듯한 시크릿이 아닐 수 없다. 그 부족한 부분을 완결 짓는 내용이 뜻밖에도 붓다의 유언 마지막 부분에 들어있다. 그 비밀을 실천에 옮긴 사람이 정주영 회장이나 성룡 같은 사람이다.

붓다께서도 자신의 신세를 한탄하며 고통 속에서 헤어나지 못하는 사람들보다는 묵묵히 자신의 길을 열어 타고난 가난을 탈출하는 사람을 더 원하실 것이다. 붓다 당시의 승단도 재력 있는 독지가의 기부헌납에 크게 의존하였다. 다만 속세를 버리고 출가한 비구들 앞에서 이재를 논하는 것은 금기 중의 금기였으며 재가신도들에게도 욕심을 버리라는 교리 때문에 대놓고 이재를 가르치기가 어려웠던 것뿐이다.

그런 의미에서 『아함경』에 나오는 시 구절 하나를 소개한다.

불방일은 좋은 일의 시작

함부로 굴지 않고 게으르지 않음(不放逸)은
모든 좋은 일의 근본이며 모든 좋은 일의 시작이다
함부로 굴지 않고 게으르지 않음은 모든 좋은 일 가운데 제일이
된다
마치 농사를 지을 때 그 모든 것이 다 대지를 원인으로 하고
대지를 의지하며 대지를 바탕으로 이루어지는 것처럼
함부로 굴지 않고 게으르지 않음은
모든 좋은 일의 근본이며 모든 좋은 일의 시작이다
마치 씨앗을 심으면 초목들과 온갖 곡식 그리고 약초들이 나서
자랄 때
다 대지를 원인으로 하고 대지를 의지하며 대지를 바탕으로 이
루어지는 것처럼
함부로 굴지 않고 게으르지 않음은
모든 좋은 일의 근본이며 모든 좋은 일의 시작이다
마치 모든 뿌리 향 가운데 침향(沈香)이 제일인 것처럼
또 모든 나무 향 가운데 붉은 전단향이 제일인 것처럼
또 모든 뭍 꽃 가운데 수마나 꽃이 제일인 것처럼
또 모든 짐승의 발자국 가운데 코끼리 발자국이 제일인 것처럼
함부로 굴지 않고 게으르지 않음은

모든 좋은 일의 근본이며 모든 좋은 일의 시작이다
마치 모든 산 가운데 수미산이 제일 높은 것처럼
모든 왕 가운데 전륜성왕이 제일인 것처럼
모든 광명 가운데 지혜광명이 제일인 것처럼

늦가을에 태어난 모기는 사는 것이 고통 그 자체이다. 늦가을 모기는 피를 빨 힘조차 없다. 주린 배를 안고 헛간 구석에서 떨면서 죽음이 찾아오기를 기다릴 뿐이다. 살아 숨 쉬고 있는 자체가 극한의 시련이어서 짝짓기 같은 것은 꿈도 꾸지 못한다. 그에 반해 여름모기는 에너지가 넘쳐나며 가끔씩 손바닥이나 쇠꼬리에 맞아 죽기는 하지만 맹렬히 날아다니며 피도 빨고 짝짓기 활동도 하여 구정물 속에 귀여운 장구벌레들을 키우는 재미도 만끽한다.

사람도 마찬가지이다. 모기가 태어날 시기를 스스로 결정하지 못하듯이 사람도 자신이 태어나는 환경을 스스로 결정하지 못한다. 대부분의 사람은 그러한 타고난 좋지 못한 환경을 극복하지 못하고 고통 속에서 일생을 보낸다. 그래서 일체개고라고 하지 않는가?

그러나 살면서 불법을 만난 자는 다르다. 앞에 나온 『아함경』의 구절을 읽은 사람은 이제 늦가을 모기가 아니다. 함부로 굴지 않고 부지런하면 자신이 타고난 운명을 바꿀 수 있다. 부자도 될 수 있고 신분이 상승할 기회가 머지않아 반드시 찾아온다. 그래야 이다음에 재산을 좋은 일에 쓸 수도 있고 기부할 수도 있다.

붓다의 과학 산책

1. 붓다의 현세유행(現世遊行)

현세유행을 오신 배경

수보리가 부처님께 여쭙는다.

"부처님, 무릇 중생이 이와 같은 글귀의 말씀을 얻어듣고 참다운 믿음을 낼 자가 있겠습니까?"

부처님께서 수보리에게 말씀하신다.

"그런 말 하지 마라. 여래가 열반에 든 뒤, 후 오백 세에도 계율을 지키고 복을 닦는 자가 있어 이 글귀에 능히 믿는 마음을 내어 그것을 진실이라 여길 것이니, 이런 사람은 한 부처님이나 두 부처님이 아닌 수많은 부처님이 세상에 계실 때에도 온갖 선행을 쌓았기에 이 글귀를 듣고 곧바로 청정한 생각에 깨끗한 믿음을 내는 것이니라.

수보리야, 여래는 부처의 지혜로 그들을 다 알고 부처의 눈으로 모든 것을 다 보나니 이 가르침을 믿는 중생들은 이렇게 한량없는 복덕을 얻게 될 것이다. 왜냐하면 이런 중생들은 다시 아상 인상 중생상 수자상의 분별이 남아있지 않기 때문이다. 만일 이 중생들이 마음으로 무엇인가에 집착하면 이는 곧 아상 인상 중생상 수자상에 집착하게 되는 것이니라.

그러므로 이런 이유로 여래는 항상 설하느니 그대 비구들은 내 설법을 뗏목으로 알고 강을 건넜으면 뗏목을 응당 버려야 하거늘 하물며 그러한 상들이야 더 말할 것 있겠느냐."

-『금강경』 정신희유[18]분에서

붓다께서 수보리의 질문에 여래멸후 후 오백 년의 말법의 시대에도 가르침의 글귀를 읽고 신실한 믿음을 내는 자가 있을 것이라고 말씀은 하셨으나, 그래도 여러 가지가 한꺼번에 궁금해 오는 것은 사실이었다. 그날 밤 붓다께서 선정에 들어 이후의 시대적 상황을 모두 한번 비추어 살피신다.

가까운 장래에는 데바닷타의 반란, 코살라왕국에 의한 석가족의 절멸, 이교도들에 의한 붓다 승단 제2인자인 목건련의 피살 등 가슴 아픈 일들이 잇달아 일어나지만 다행히 승단이 해체되지 않고

---

18) 정신희유(正信稀有): 바른 믿음은 드물다는 의미이다.

잘 지탱해 간다. 정법시대 500년간은 자신의 가르침이 흐트러지지 않고 잘 유지되는 가운데 붓다 자신에 버금가는 걸출한 아라한들이 나타나 불법은 한층 더 깊이를 더해간다. 오히려 너무 깊이 들어가자 더 파고들 것이 없어 서로의 얼굴을 쳐다보며 망연해하는 지경에까지 이른다.

상법시대에 들어가면서는 붓다 자신이 예언한 대로 그렇게도 저어했던 이교도들의 삿된 교리들과 뒤죽박죽 섞이면서 안타깝게도 정법은 점차 자취를 감추어간다. 눈뜨고 지키는 자가 없으니 그토록 경계한 영혼설과도 신이론과도 결탁하고, 숙명론·흑마술·주문(呪文)은 물론이고 그 밖의 온갖 세상의 미신들과 야합하는 등, 자신의 정체성을 잃어가서 마침내는 인도에서 정법은 사라지고 만다. 바다를 건너온 무력을 앞세운 유일신교[19]에 의해 황색 가사를 걸친 승단의 비구들이 학살당하는 끔찍한 광경도 스쳐 지나간다. 안타깝지만 붓다 자신으로서도 어떻게 해볼 수 없는 부분이다. 아픈 부분은 좀 빨리 건너뛰기로 한다.

무엇보다도 궁금한 것은 말법시대 끝자락의 신인류는 붓다 당시의 인류와는 비교가 되지 않을 정도로 엄청난 분량의 지식을 축적

---

19) 여기서 유일신교는 이슬람교를 말한다. 이슬람교는 비관용의 종교로 우상을 특히 혐오한다. 13세기에 인도를 점령한 이슬람 세력들은 사원을 파괴하고 승려들을 무참히 살해하였다.

하였을 터인데, 그 방대한 분량의 지식이 인간의 고통 해소와 어떤 상관관계를 가지고 있는가 하는 점이었다. 지식이 고통 해소에 도움이 될 수도 있고, 오히려 방해가 될 수도 있으며, 상관관계가 없을 수도 있다. 그렇지만 역시 도움이 된다는 것이 맞는 것 같다. 지식 누적의 결과로 인해 평균적인 복리의 수준이 올라갈 수 있기 때문이다. 어리석음의 정도가 비슷한 두 사람, 장자(長者)20)와 빈민의 살아가는 것을 비교해 보면 알 수 있다. 그렇게 생각하니 말법 후 오백 세의 평균적 생활수준이 어느 정도 나아졌는지 자못 더 궁금해진다.

세계 각 지역 종교사의 변화에 대해서도 여러 가지로 궁금하지 않을 수 없었다. 두려움과 나약함의 인간 본성으로 인해 신을 만들어가는 것은 사람이 사는 곳이라면 어디서나 있는 일이다. 붓다 당시 부족국가 위주의 세상에서는 어디에서나 대체로 범신론적인 형태를 띠고 있으나, 거대국가의 출현과 더불어 신들의 수가 줄어들면서 마침내는 유일신이 등장하게 될 것이다.

만약 거대국가의 권력이 유일신과 결탁하여 그것을 지배도구화한다면 상상하기 어려운 파멸적 양상이 인류에게 닥칠 수도 있다. 붓다께서 고개를 흔드신다. 신 또는 신들과 사람의 공존이 가능하지 않을 바는 없지만 권력이 신을 빌미로 사람을 죽이고 괴롭히는

---

20) 장자: 불교 경전에서는 큰 부자를 점잖게 일컬어 장자라고 한다.

것은 절대로 있어서는 안 된다.

붓다의 깊은 우려에도 불구하고 일어날 모든 일은 마침내 일어날 것이다. 참으로 안타까운 일이 아닐 수 없다. 그러나 오히려 희망은 멀리 동쪽에서 보인다. 동방의 등불이라 일컫는 한국에서 그야말로 가르침의 글귀만 보고도 참다운 믿음을 내는 자가 정말 기적과도 같이 나타난다. 말법시대가 마저 끝나고 나면 한국에서 생겨난 그 작은 불씨가 서쪽 세계로 옮겨 붙어 마침내 세계에서 불법이 다시 한번 크게 융성하는 것이 보인다. 그 새로운 시대를 위하여 이름을 새로 하나 지어놓아야 하겠다.

그리고 말법 후 오백 세 중에 그 가공할 죽음의 공포를 뚫고 마침내 자연과학이 서쪽에서 나타날 것이다. 그 출발은 물질의 이치에서 신의 의지를 찾는 것이었으나 파고들수록 신은 없고 이치만 있다는 것을 알아간다. 종교보다도 더 무서운 것이 자연과학이다. 한 점 티끌의 오류도 허용하지 않는 자세는 육 년 고행을 수행할 당시의 자신을 그대로 닮아있어 붓다 자신도 놀랄 정도이다. 이 자연과학을 기준으로 인류는 신-구 인류로 구분이 될 정도로 세간의 역사에 큰 변화가 일어난다.

그러니 점점 더 궁금해지며 역시 한번 다녀와야겠다는 마음이 더 굳어진다.

그날 밤, 부처님 처소의 등잔불이 늦도록 꺼지지 않자 아난다와 수보리는 서로 눈짓으로 걱정을 나누었다. 다음 날 아침이 되자 붓다는 아난다와 수보리를 불러놓고 말씀을 하신다.

"아무래도 안 되겠다. 한번 다녀와야겠다."

"예? 어디를 말씀이옵니까?"

"말법시대 후 오백 세의 끝쯤이니라."

"예?"

아난다와 수보리는 서로 마주보며 눈을 크게 뜬다. 어제 저녁의 강론에서 미래세 이야기가 있었으므로 두 사람은 금방 무슨 말씀인지를 알아채기는 했다.

"저희 둘이 수행해서 같이 가는 것이옵니까?"

"아니다. 너희 둘은 남아서 나의 알리바이를 만들어라. 너희 둘이 나를 수행하여 나그푸르 지방을 다녀오는 것으로 한다. 셋이 같이 출발해서 그곳까지 간 다음 거기서 나 혼자 며칠 다녀오겠다. 이번의 나의 유행은 절대로 비밀로 하지 않으면 안 된다."

"알겠습니다. 하오나……"

수보리가 말끝을 흐린다.

"말해 보거라."

"목건련의 신통력이 마음에 걸리옵니다."

"그렇구나. 그렇지만 너무 염려 말아라. 별일이야 있겠느냐? 내가 다녀와서 섭섭하지 않도록 잘 이야기하겠다."

"잘 알겠습니다."

이렇게 하여 붓다의 현세유행 계획이 갑작스럽게 이루어진다.

붓다께서 정각을 이루신 후 대열반에 드시는 45년의 기간 동안 참으로 많은 지역을 발이 닳도록 다니셨다. 자세한 기록은 없으나 붓다께서 말없이 잠적했던 적이 있었으며 당시 말법의 후세를 다녀오셨다는 이야기가 제자들 사이에 은밀히 나돈 적이 있었다. 말법(末法) 시기의 불교는 붓다의 생각과는 많이 다른 형태로 변해있을 터였다. 아난다 등이 보기에도 붓다의 이번 현세유행의 목적이 불교계 시찰이 아닌 듯한 느낌이 들었다.

현세에서는 히말라야 산중에 한 신통력이 뛰어난 수행자가 있어 목건련과 텔레파시로 교신을 하다가 붓다의 현세유행 움직임에 대한 정보를 알게 되었다. 이 텔레파시 교신은 신통력이 있는 사람들끼리 한가할 때 나누는 '카톡'과 비슷한 것인데 과거와도 교신이 가능한 모양이다.

텔레파시라는 것이 매우 어렵고 섬세한 것이라서 설명하기가 쉽지 않으므로 당시의 정황을 신세대를 위한 카톡 버전으로 바꾸어 보면 대략 다음과 같이 될 것 같다.

카톡!

나 목건련……

> ㅋㅋ
> 네가 목건련이면 나는
> 베드로다.

아니 농담할 때가 아니
다. 빅뉴스가 있다. 천 년
에 한 번 나올까 말까 한
큰 건!

> 뭔데?
> 안 그래도 심심해서 몸
> 을 비트는 요가 중이다.

우리 대장님이 그쪽으
로 가신다.

> 대장님이라고 하면 그
> 분???

베드로, 잘 들어라. 그렇
다. 이건 실제상황이다.

카톡!

카톡!

카톡!

이 희대의 소식을 접하자마자 그는 주변에다가 이 사실을 급히 알렸다. 붓다께서 현세유행을 오신다는 소식을 들은 세계의 불교계 인사들은 앞을 다투어 몰려나갔다. 그 사람들은 하나같이 붓다께서 오시는 목적이 자기를 만나려고 하는 것이라고 내심 기대를 하고 있었던 것 같다. 이윽고 아코디언같이 접혔던 시간과 공간이 펴지면서 붓다께서 현세에 첫발을 내디디신다.

그런데 이게 웬일인가? 붓다께서 그들과 오래 말씀을 나누실 기색을 보이지 않고 간단히 인사만 나누시고는 바쁜 듯이 서둘러 다른 곳으로 이동하신다. 그들은 우르르 붓다의 뒤를 따른다. 조금 더 가시다 보니 선불교의 대가들 앞을 지나시게 되었는데 그들에게는 눈인사만 건네고 그냥 지나쳐서 가신다. 선불교 대가들은 나름대로 자존심이 센지 붓다의 뒤를 따르지는 않는다.

좀 더 가시다가 붓다께서는 한 무리의 사람들 앞에 멈춰 섰다. 그들은 미리 연락을 받고 대기 중이었던 과학자들이었다. 붓다께서 그들 한 사람 한 사람과 눈을 맞추신 연후에 인자하게 말씀을 하신다.

선재로다 선재로다.
너희들이 선재로다.

붓다께서 현세로 오실 때 아코디언 주름 틈새로 잠시 밖을 내다

보니, 그동안 인구가 크게 증가하여 지구를 꽉 메울 지경이 되었음에도 그들의 생활수준은 예상했던 것 이상으로 나아져있는 기이한 현상이 나타나 보였다. 사람들이 어리석기는 예나 지금이나 매한가지였고 말법의 시대인지라 더욱 심하게 탐진치 삼독[21]에 빠져 있었다. 그러나 굶어 죽는 사람이 확실히 줄었고 평균적으로 한층 더 풍요로운 생활을 하고 있는 것이 보였다.

아낙이 부부싸움을 하고난 후 울더라도 옛날같이 부엌 솥뚜껑 위에 엎더져 주린 배를 안고 우는 것이 아니라 자가용 핸들 위에 기대고 우는 모습이 보시기에 괜찮았다. 사람의 수명 또한 당시보다 크게 늘어났으며 무엇보다도 가장 놀라운 것은 궁전보다 큰 거대한 병원에서 웬만한 병을 척척 고쳐내는 것이었다. 그래서 그렇게 된 연유를 자세히 살펴보니 자연과 인체의 비밀을 조금씩 깨우쳐간 과학자와 의사들의 공헌이 그 뒤에 있었던 것을 아시었다.

선재로다!
우리 때는 자연과학이 없었느니라
그 자리는 미신이 차지하고 있었고
나도 어떻게 해볼 도리가 없었느니라
또한 그때에는 의학도 의술도 없었느니라

---

21) 탐진치(貪瞋癡) 삼독(三毒): 탐내는 욕심, 증오나 노여움, 어리석음 이 세 가지는 수행에 가장 큰 장애가 되므로 삼독이라고 한다.

그 빈자리는 사이비 주술이 차지하고 있었고

나도 어떻게 해볼 도리가 없었느니라

너희들은 내가 못한 그 일들을 해냈노라

생로병사가 안타까워 평생 마음 아팠는데

그대들의 노고가 너무나도 크구나

아버지 정반왕이 그리하셨는지

부끄럽게도 내 나이 열일곱에 사문유관[22]을 나서

허리 굽은 노인을 처음 보았노라

뼈가 앙상한 병자를 처음 보았노라

장례의 행렬도 처음 보았노라

그러나 그것은 그리 중요하지 않도다

나는 내 나이 여덟 될 때

이미 내 평생의 길을 알았노라

그것은 허리 끊어진 지렁이를 보고

반나절을 사유한 후 그리하였노라

내가 없는 동안 그대들은 물리를 탐구하여

밀과 쌀의 육종을 개량하고

소를 대신하여 밭을 가는 기계를 만들어

---

22) 사문유관: 붓다가 출가 전, 카필라성의 동서남북 4문 밖으로 나가 인생의 사고(四苦)를
직접 보고 출가를 결심하게 된다. 동문에서는 늙은이를, 남문에서는 병든 이를, 서문에
서는 죽은 이를, 북문에서는 수행하는 사문을 보게 된다.

그토록 내가 가슴 아파했던 굶주림을 뒤로 물리쳤다

번개의 힘을 끌어 밤의 세계를 밝히고

모래밭에서 기름을 길어 추위를 뒤로 물리쳤다

무엇보다 아픈 이를 고쳐

늙고 병드는 서러움을 한걸음 뒤로 물리쳤다

선재로다 선재로다

너희들이 선재로다

내가 못 다한 많은 일들을 그대들이 하였노라

나의 수행의 출발은 생로병사

그대들이 등불 밝힌 것도 생로병사

나는 피해갈 수 없는 전제조건으로 그것을 생각했으나

그대들은 정면으로 그것들과 투쟁하여 뒤로 물리쳤으니

참으로 기특하고 또 기특하구나

말법시대의 후 오백 년도 이제 다 갔으니

다시 새로운 시대가 열릴 것이다

새 시대의 이름은 대통합의 시대이니

여기에 모인 너희들이 그 소임을 다하여라

이때 한 대의 전동휠체어가 쌩 하는 소리를 내며 무리들의 앞으로 나섰다. 스티븐 호킹 박사였다. 70을 넘긴 나이에도 불구하고 동안에 장난꾸러기 소년의 앳된 모습이 그대로 남아있다. 스티븐 호킹 박사는 안 그래도 밑으로 떨어진 머리를 조금 더 떨어뜨려 붓다에게 예를 표하였다.

젊은 나이 때부터 루게릭병을 앓아 온몸의 근육을 쓸 수 없게 된 그는 오랜 세월을 전동휠체어에 의지해왔다. 그 휠체어에는 그가 대화할 내용을 생각하면 컴퓨터가 자동적으로 읽어내어 스피커로 음성을 만들어내는 장치가 부착되어 있다. 스피커에서 나오는 그의 말의 톤은 약간 단조롭지만 음색은 자신의 것이다.

붓다를 환영하며

위대한 각자(覺者)시여
자비의 화신이자 온 인류의 스승이시여
분에 넘치는 칭찬의 말씀 들으니
저희들은 몸 둘 바를 모르겠습니다
또한 주신바 과제,
대통합의 시대를 열어가기 위해
저희들이 할 수 있는 바를 다하겠습니다
그간의 있었던 일을 분야별로 브리핑해 드리도록 하겠나이다
여기 머무르시는 동안 불편하신 점이 없이
부디 편안하고 즐겁게 보내고 돌아가소서

2. 뇌과학과 제법무아(諸法無我)

　　위대하신 각자시여, 그간에 인간의 뇌를 다루는 학문인 뇌과학이라는 것이 생겼습니다. 새로 생긴 용어들이 다소 생소하시겠으나 조금만 참고 넘기시면 매우 재미있고 의미 있는 시간이 될 것 같습니다. 이것을 통해 인간 마음의 발현하는 현상을 알아보고자 하고 있으니 부디 한번 들어주시기를 앙망하옵니다. 위대하신 각자 붓다의 뇌에 대해서도 잠시 언급이 있을 것이니 무례함을 용서해 주소서.

　　조명이 점차 어두워지면서 전면의 스크린에 꽉 차도록 인디라의 구슬그물망이 뚜렷하게 나타났다.

인디라의 구슬그물망
21세기는 뇌과학의 시대

"저희들이 보기에 자연과학계에는 아직도 마지막으로 남아 있는 세 가지의 큰 숙제가 있다고 사료되옵니다. 첫째는 우주의 기원에 대한 해명이 그것이고, 둘째는 양자역학과 일반상대성이론을 통합하는 대통일장의 이론에 관한 것이며, 셋째는 사람의 마음과 뇌와의 관계는 무엇인가를 밝히는 것이옵니다."

한계수확체감의 법칙이라고 할까? 우주를 탐구하는 천문학이나 극미의 세계를 탐구하는 양자역학의 세계는 20세기 중에 너무나도 눈부신 성과들을 잇달아 나타내 보였으나, 인류의 계속적인 갈구에도 새로운 것을 찾아내는 연구결과가 최근 들어서는 눈에 띄게 뜸해지고 있다.

반면, 21세기가 시작된 지 얼마 되지 않은 지금에도 뇌과학 분야에서는 눈부신 연구성과가 쏟아져 나오고 있다. 뇌과학 분야에 종사하는 연구원은 한 달만 자리를 비우고 휴가를 다녀와도 다시 따라잡기가 어려울 정도로 하루가 다르게 변화한다고 한다. 21세기는 확실히 뇌과학의 전성시대가 될 것이다.

뇌과학 분야에서는 가까운 미래에 지금까지 우리가 상상도 못해본 여러 가지 성과들을 보게 될 것이다. 씹으면 금방 화가 확 풀리는 껌이 곧 시판될 가능성이 있다. 뇌의 활동을 활성화하고 뉴런의 신경전달 속도를 높여 시험 치기 전에 복용하면 점수를 확실하게 올려줄 수 있는 알약이 곧 나올지도 모른다. 각종 신경전달물질[23]로 만들어진 알사탕, 붉은색은 도파민, 푸른색은 세로토닌, 노란색은 옥시토신 등으로 기분과 감정을 원하는 대로 선택할 수 있게 될지도 모를 일이다. 세로토닌 사탕으로 사람을 차분하게 만들어 쓸데없는 욕심에 휩쓸리지 않게 할 수도 있을 것이다.

그러고 보니 불교에서 난제로 치는 인간의 탐진치 삼독을 이렇

---

23) 주요 신경전달물질(Neurotransmitters):

① 세로토닌(Serotonin)–평화로운 마음 상태를 만들고 수면과 소화를 관장한다. 대부분의 항우울제는 이 물질의 효과를 증폭시키는 작용을 한다. 조루증 치료제를 이것으로 만든다고 한다.

② 도파민(Dopamine)–기쁨과 행동의 호르몬으로 보상과 주의에 관련이 있으며 접근 행동을 촉진시킨다. 부족하면 우울증, 만성피로, 비만을 유발한다.

③ 노르에피네플렌(Norepinephrine)–경계심과 투쟁심을 높인다. 맹수나 경쟁상대를 맞닥뜨리면 분출된다. 스트레스 호르몬 또는 죽음의 호르몬으로 불리기도 한다. 과잉 분출되면 인체에 나쁜 영향을 끼친다.

④ 아세틸콜린(Acetylcholine)–각성과 학습을 촉진시킨다. 부족하면 기억력 상실을 일으킨다.

⑤ 오피오이드(Opioids)–스트레스를 중화시키고 통증을 완화하며 쾌감을 증가시킨다. 아편과 비슷한 분자구조를 가지며 엔도르핀이 여기에 속한다. 고통이 극한에 이르면 조금씩 나온다. 마라톤 할 때 '세컨드 윈드'의 원인물질이다.

⑥ 옥시토신(Oxytocin)–지극히 행복한 친밀감이나 사랑의 감정을 관장한다. 천지합일 무아경의 오르가즘은 뇌 속의 이 물질이 일으키는 현상이다. 또한 자신이 낳은 아기를 안고 쳐다보고 있을 때에도 분비된다.

⑦ 바소프레신(Vasopressin)–짝짓기를 돕는다. 남성의 경우 성적인 경쟁자에 대한 공격심을 높인다.

게 뇌과학이 밝혀낸 신경전달물질을 활용하여 간단하게 해결해 버리는 것은 아닐까? 사람의 뇌를 서로 연결하여 거대한 슈퍼 뇌를 형성하여 지금까지 해결 불가능했던 문제들을 다시 상대해 본다는 상상은 또 어떨까? 슈퍼 뇌가 이루는 직관으로는 난제의 해결 여부가 바로 결론이 날 것이다.

불교는 물질 그 자체를 탐구의 주요 대상으로 하지 않는다. 생로병사를 예로 들면 생로병사를 겪는 인간의 마음을 주로 다루지 생로병사 그 자체를 탐구 대상으로 하지는 않는다. 생로병사 그 자체는 어떻게 해 볼 도리가 없다고 보기 때문에 피할 수 없는 대전제로 삼는다. 만약에 노병사를 늦추거나 완화하거나 하는 것을 연구한다면 그것은 불교의 영역을 떠나 자연과학이나 의학이 될 것이다.

이와 같이 불교와 과학은 가는 길이 서로 다르다. 그러나 뇌과학만은 예외로 봐야 한다. 뇌과학은 불교와 마찬가지로 인간의 마음을 주요 탐구 영역으로 삼고 있기 때문에 21세기 중에 뇌과학과 불교는 필연적으로 다시 만날 수밖에 없는 운명에 있다. 지금까지 풀지 못했던 인류의 많은 숙제들을 뇌과학-불교의 통합으로 해결해내는 것이 자연스러운 귀결이 될 것이다. 그런 의미에서 뇌과학의 현주소를 살펴보자.

인디라의 구슬그물망

인디라의 하늘에는 구슬로 된 그물이 걸려 있는데 구슬 하나하나는 다른 구슬 모두를 비추고 있으며 어떤 구슬 하나라도 소리를 내면 그물에 달린 다른 구슬 모두에 울림이 연달아 퍼진다.

－『화엄경』 인디라의 구슬그물망

하느님의 나라는 하늘에 있는 것이 아니다. 그것은 잘못된 생각이다. 만약에 하늘에 있다고 한다면 새들이 너희들보다 먼저 하느님의 나라에 갈 것이다. 하느님의 나라는 너희들 속에 있다. 너희들이 너희들 자신을 안다면 너희들은 하느님의 아들이 자신임을 알게 될 것이다.

－『도마복음(Gospel of Thomas)』
(1945년 이집트 나그함마디에서 발견된 영지주의 기독교 문서)

영국 왕 제임스 1세의 주치의를 지낸 윌리엄 하비는 1628년 『심장의 운동에 관하여』라는 저서에서 사람의 심장은 다만 혈액을 전신으로 보내는 물리적인 운동만을 담당하는 펌프에 불과하다는 사실을 밝힌다.

마음이라고 하면 우리의 가슴 쪽에 있을 것이라는 선입견이 있다. 이와 같이 동서양을 막론하고 심장이야말로 인간의 마음이 발원하는 기관이라고 믿어왔기 때문에 윌리엄 하비의 저서로 사람들은 큰 충격에 빠지게 된다. 한의학이나 이집트의 미라 제작과정을 보더라도 뇌는 전혀 관심의 대상이 아니었다. 윌리엄 하비의 이 발견이 인간이 뇌에 관심을 가지게 되는 효시가 된다.

『화엄경』에 나오는 인디라의 구슬망은 불교의 세계관을 대표한다. 이 구슬망 이론은 우주의 모든 사물에 공통적으로 적용될 수 있는 보편적 진리에 해당되므로 이것을 인간의 뇌에 적용해 보려고 한다. 앞에서 삼단논법 비슷하지만 서로 연결될 것 같지 않은 예문 세 가지 즉, 인디라의 구슬망, 도마복음, 심장의 기능을 그래서 나열해본 것이다.

인디라의 구슬이 뇌를 이루는 뉴런[24]을 상징한다고 가정해보자. 1,000억 개에 이르는 뇌를 이루고 있는 뉴런들은 축색돌기[25]라고 하는 전선(電線)으로 모두가 하나로 연결되어 있다. 이 축색돌기의 전선은 말이집이라고 하는 전선피복제로 싸여 있어 누전이 완벽

---

24) 뉴런: 감각뉴런, 운동뉴런, 연합뉴런의 세 가지가 있다. 감각뉴런은 감각기관에서 받아들인 자극을 중추로 전달하는 뉴런으로 축색돌기가 잘 발달해 있간. 운동뉴런은 중추신경계의 명령을 근육으로 전달하는 기능을 하는데 역시 축색돌기가 길게 발달해 있다. 연합뉴런은 뇌와 척수 같은 중추신경을 구성하는 뉴런으로 수상돌기가 특히 발달해 있다.
25) 축색돌기: 뉴런의 신경세포 돌기 중 하나가 길게 끈 모양으로 발달한 것으로 다른 뉴런에 전기적 신호를 전달하는 역할을 한다.

하게 차단된다. 뉴런 하나가 전기화학적 여기상태(勵起狀態: 흥분한 상태)를 나타내면 주변 뉴런들이 지체 없이 동조현상을 보여 순식간에 전체로 확산된다. 이 현상은 인디라의 구슬망이 잇달아 울리는 것과 너무나 유사해 보인다. 뉴런의 전선이라고 할 수 있는 축색돌기의 흥분전달속도는 1초에 약 100미터 정도로 계산되고 있다. 물리학계에서는 그렇게 빠른 것이 아니겠지만 생물학계에서는 대단히 빠른 것이다.

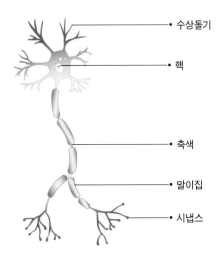

아직 극히 일부분밖에 밝혀지지 않은 원시의 세상에서 나온 인디라의 구슬망 아이디어와 21세기가 밝혀가는 뇌과학 속 뉴런은 모양·기능·작동원리 등에서 놀라울 정도의 유사성이 있어 신기함을 더해주고 있다.

모두 연결되어 있는 1,000억 개의 뉴런들이 지어낼 수 있는 경우의 수는 얼마 정도가 될까? 결론부터 말하면 이것은 이 우주에서 인간이 상상할 수 있는 가장 큰 수가 된다. 우선 주변에 흔히 볼 수 있는 큰 수들을 짚어보자. 큰 수의 개념을 잡아보기 위해 재미삼아 해 보는 것이니 너무 심각하게 진위를 따지고 할 필요는 없을 것이다.

① 로또복권에 1등 당첨될 확률: 814만 분의 1

로또게임은 45개의 구슬 중 6개를 순서에 관계없이 맞히는 게임이다. 1등에 당첨되어 20억 원을 받게 될 확률은 얼마인가?

$45 \times 44 \times 43 \times 42 \times 41 \times 40$(45개 구슬 중 6개를 선택하는 경우의 수)$\div 6 \times 5 \times 4 \times 3 \times 2 \times 1$(순서에는 상관이 없으므로 6개의 구슬이 나열하는 경우의 수)$=8,145,060$

이 814만 분의 1이라는 확률은 주사위를 9번 던져서 9번 모두 나올 숫자를 맞히는 것과 비슷하다. 홀짝게임으로 치면 23번 연속해서 나올 결과를 맞히는 것과 같다. 5천 원짜리 로또를 사러 가기 전에 홀짝게임이나 주사위 던지기로 8백만 분의 1이라는 확률을 가늠해보는 것도 좋을 것이다. 시험 삼아 홀짝 맞히기를 해서 23번 연속해서 맞으면 로또를 구입하러 가시면 된다.

로또를 맞혀보다가 심장마비 직전까지 가는 경우가 있는데, 그것은 6개의 숫자 중 5개의 수를 맞히는 경우이다. 5개만 맞으면 3등으로 상금을 1~200만 원 정도밖에 못 받는데, 심장에 오는 무리를 생각한다면 손해가 더 크다. 이런 과정을 40번 겪어야 1등이 한 번 찾아오는데 아무래도 심신이 다 망가질 지경에 이를 것이다. 이 글을 읽고 나면 복권 살 마음이 싹 가실지 모르겠다. 그렇다. 복권사업은 가난한 사람들을 등치는 사업이다. 부자들은 로또복권에 절대 관심을 기울이지 않는다.

② 갠지스 강의 총 모래알 개수: 10^{18} 내외

인도인들의 과장 스케일은 중국의 그것을 단연 압도한다. 중국인들은 기껏해야 백발삼천장이나 비류직하삼천척 또는 대붕이 한 번 날갯짓으로 구만 리를 난다는 정도인데, 인도인들이 갠지스 강의 모래알 수를 이야기하면 그만 어안이 벙벙해질 수밖에 없다. 숫자에 밝은 인도인들이 생각한 항하사(恒河沙)[26]의 수는 10^{52}인데 좀 과대평가한 것 같다. 아니면 대충 이야기해봐야 아무도 모를 테니까 지어내어 이야기했을 가능성이 많다. 과학자들에 의하면 인도인들이 말한 항하사 10^{52}은 지구 100개를 구성할 수 있는 총 원자 수를 의미한다.

---

26) 항하사: 항하 즉, 갠지스 강의 모래알 수라는 의미의 인도 수 단위로 10^{52}을 의미한다.

갠지스 강의 모래알 수만큼 많은 갠지스 강의 모래알 개수: $10^{18} \times 10^{18} = 10^{36}$

『금강경』에서 붓다께서 가없는 공덕을 설하실 때 비유로 드신 숫자이다[27]. 어이없다 못해 넋이 다 나갈 지경일 것이다. 여하튼 상상을 초월하는 엄청나게 큰 숫자인 것만큼은 틀림없다.

③ 현존 우주의 모든 원자 수의 합계: 10^{80}내외

노트북 한 개를 구성하는 원자수가 10^{25}, 지구를 구성하는 총 원자의 수가 10^{50} 내외라고 한다. 인도에는 항하사 다음에 아승기(阿僧祇)라는 큰 수가 있는데 그것은 10^{56}으로 지구 백만 개의 원자 수와 같다. 그런데 우주를 구성하는 모든 원자의 수가 10^{80}이라니 이것을 믿어도 될까 하는 생각도 든다. 아직도 살아계시는 훌륭한 과학자들이 계산한 숫자이니 여러분들께서 상상하시는 것과 다소간 차이가 있더라도 관용해 주시기를 바란다.

---

27) 『금강경』 중 해당 구절: "수보리야, 항하에 있는 모래알처럼 많은 항하가 있다면 어떻게 생각하느냐? 그 모래 수가 많지 않겠느냐?" 수보리가 대답하였다. "세존이시여, 항하의 모래만 하여도 엄청나게 많겠거늘 그 항하의 모래 수만큼 많은 항하의 모래 수야 이를 말이 있겠나이까?"

④ 1,000억 개의 뉴런들이 만들 수 있는 경우의 수: $10^{1000000}$

$10^{1000000}$은 10 뒤에 0이 백만 개가 붙는 궁극의 수이다. 그 수를 종이 위에 써 보는 데에도 두꺼운 책 4권 정도가 필요하다. 이 우주에 현존하는 모든 원자들의 개수 10^{80}을 가볍게 압도한다. 더 이상의 설명이 필요 없는, 우리가 죽을 때까지 접할 수 있는 '의미가 있는 수' 가운데 가장 큰 궁극의 수이다. 뇌를 구성하는 연합뉴런 1,000억 개가 지어낼 수 있는 수 $10^{1000000}$는 그만큼 많은 수의 뇌의 작용(생각)이 존재할 수 있다는 뜻이다.

⑤ 은하 별들의 개수는 약 1,000억 개

우연하게도 우리가 속해있는 은하계의 별들의 개수가 뇌의 뉴런의 개수와도 같은 1,000억 개 정도이다. 여러분의 컴퓨터에서 유튜브를 열고 'Stargaze-Universal Beauty'를 검색하여 은하계의 장엄함을 일견하시기를 바란다. 은하계의 별들이 대단히 큰 감동으로 다가올 것임에 틀림없다. 은하를 이루는 1,000억 개의 별들은 하나하나가 표표히 자신의 자리를 지키면서 고요히 빛을 발하고 있다.

그러나 우리의 상상력을 여기에서 그치지 말고 그 별들이 모두 통신선으로 연결되어 있다고 가정해 보자. 이제 지구에서 10만 광년 떨어진 은하계 저쪽 끝의 별까지 모두 연결되어 신호를 주고받을 수 있다. 은하계 1,000억 개의 별들 모두가 하나로 연결되어 하나의 유기체로서 작동을 하게 된다. 지구가 아프면 베텔기우스 별의 골디락스 영역[28] 안의 5번째 행성에까지 아픔이 전달되고, 지구의 내가 환희에 떨면 그곳에 사는 또 하나의 나도 같이 환희에 떤다. 모두가 하나로 연결된 은하계의 장엄함과 신비함이란 언어로 표현할 수 없을 지경이다. 이것이 바로 모든 뉴런이 서로서로 연결되어 있는 인간의 뇌인 것이다.

호킹 박사는 뇌 쪽이 자신의 전공이 아니라 강의 중에 잠시 깜박하고 졸았다. 잠시 조는 사이 꿈을 꾼다. 붓다께서 나타나 말씀하신다.

"나는 위없는 깨달음 무상정등각을 얻었느니라."

"그렇습니다."

"내가 깨달았다고 할 때 나의 손이 깨달음을 얻었겠느냐?"

"그건…… 아닐 것 같습니다. 아마도 손이 깨달은 것은 아닐 것입니다."

"그러면 나의 눈이 깨달은 것이겠느냐?"

"아닙니다. 눈이 깨달은 것도 아닐 것입니다."

---

28) 골디락스 영역: 생명체가 출현할 수 있는 영역으로, 항성으로부터 일정한 거리에서 띠 형태를 형성한다. 예를 들면 태양계에서는 지구와 화성이 태양의 골디락스 영역 안에 있다고 할 수 있다. 골디락스의 안쪽은 타서 죽고 바깥쪽은 얼어서 죽으므로 생물이 견뎌내지 못한다.

"그렇다면 나의 코가, 귀가, 혀가 깨달은 것이냐?"

"아닙니다. 코나 귀나 혀가 깨달은 것도 역시 아닐 것입니다."

붓다께서 도대체 무엇을 말씀하시려 한 것일까? 손이나 눈이나 코, 귀 또는 혀는 형이하학적인 신체의 일부를 말한다. 분명히 붓다께서는 마음이라든지 정신이라든지 추상명사를 사용하시지는 않았다. 그렇다면 신체의 일부이면서도 안이비설신의를 통합 관장하는 뇌를 말씀하시려 한 것이 아닐까? 자신의 뇌를 단련하였고 자신의 뇌가 깨달음을 얻었다고 하면 틀린 말이 아닐 것이다. 21세기를 사는 우리는 적어도 그렇게 이해하고 받아들이는 것이 맞는 듯하다.

그렇다. 붓다가 정각을 이루었다고 할 때 그것은 붓다의 손이 정각을 이룬 것이 아니다. 마찬가지로 붓다의 눈이나 혀나 귀가 정각을 이룬 것도 아니다. 붓다는 마음 또는 생각으로 정각을 이루었을 것이다. 윌리엄 하비 이전까지만 해도 세상 사람들은 마음이라고 하면 가슴 또는 심장을 짚었다. 그러나 지금은 모두 머리 또는 뇌를 떠올린다. 정각이라고 하면 우리는 당연히 붓다의 뇌, 다시 말하면 연합뉴런의 집합체를 주목해야 한다.

붓다의 정각도 1,000억 개의 서로 연결된 뉴런들이 지을 수 있는 경우의 수 $10^{1000000}$ 가운데의 하나로 상정할 수 있지 않을까? 더욱이 6년간의 극한의 고행과정을 거치면서 일반인과는 다른 학습

과정에서 생성 발달한 추가적인 뉴런과 시냅스를 감안하면 그 정도를 상상하는 것이 무리는 아닐 것이다. 뉴런 작동의 배치를 붓다의 정각 당시와 똑같이 하면 또 하나의 붓다가 탄생한다. 그러나 똑같은 뉴런의 작동배치라는 것은 상상 속에서만 가능한 일이다. 확률상 비슷한 것은 있을 수 있지만 같은 것은 있을 수 없다. 그래서 붓다의 깨달음을 무상정등각이라고 한다.

인간의 뇌는 3층의 구조로 이루어져 있다. 파충류의 뇌를 포유류의 뇌가 둘러싸고 있고 인간의 뇌가 포유류의 뇌를 다시 둘러싸고 있다. 이는 진화학적으로 인간이 파충류로부터 포유류를 거쳐 현생인간으로 진화해온 과정을 말해주고 있다. 파충류의 뇌는 생명의 뇌로, 호흡과 심장박동 등 생명의 유지에 필요한 기능을 담당하고 있는 뇌간 부위를 말한다. 포유류의 뇌는 주로 호르몬을 조절하는 시상하부 뇌하수체 부위와 학습기능과 기억기능을 맡은 해마가 있는 변연계 부위를 이른다. 인간의 뇌는 고도의 종합기능과 창조기능을 관장하는 전두엽을 포함한 대뇌피질부위를 말한다.

사람의 뇌에서부터 의식이 나오는 것은 분명하다. 그러나 그것이 어떻게 발현되어 나타나는가의 과정을 밝히는 것은 매우 어려운 과제이다. 의식에는 자연과학이 객관적으로 다루기 어려운 주관적 요소가 많기 때문에 더욱더 그러하다. 그러나 단계를 밟아나가면 이러한 난제도 언젠가는 규명이 될 것으로 보인다. 그 순서는 대체로 보아 감각-학습-기억의 형성-기억의 저장-의식의 규명 순서가 될 것으로 보인다.

뇌의 인체지도

캐나다의 뇌의과 의사 팬필드(Wilder Penfield)는 1950년 전후하여 인간의 대뇌피질 가운데 어느 부위가 운동과 감각을 담당하고 있는지를 조사하여 '뇌의 인체지도'를 만들어낸다.

우리가 발 마사지를 하는 곳에 가면 '족저(足底)-신체 연관도'를 볼 수 있다. 발바닥 모양을 그려놓고 거기에다 빼곡히 사람의 얼굴, 팔다리, 신장, 간, 폐, 위, 대장, 소장 등을 연관 지어 놓은 것인데 팬필드의 '뇌의 인체지도'도 그것과 흡사하다고 생각하면 된다. 그러나 팬필드 박사의 뇌 지도는 족저도와 같이 막연한 추리의 결과로 나온 것이 아니다. 살아있는 사람의 두개골을 열어서 뇌를 노출한 다음 전기를 연결한 바늘로 한군데씩 찔러가며 뇌의 주인과 끊임없는 대화를 한 기록의 결과물이다. 인권 침해의 요소가 있어 지금은 그런 실험을 하는 것이 불가능하다. 여하튼 팬필드 박사의 '뇌의 인체지도'는 사람의 눈, 코, 귀, 혀, 팔과 손, 성기, 허벅지와 정강이, 발 등이 각각 대뇌피질의 각 해당 부위와 어떻게 연관되는지를 상세히 밝힌 뇌의학계의 고전이다.

환영의 존재

팬필드 박사에 의해 뇌의 신체지도가 나온 다음에도 그와 유사한 실험들이 도처에서 이루어졌다. 그러나 인권문제가 서서히 대두됨에 따라 뇌수술을 앞둔 환자를 대상으로 하여 환자의 특별한 허락 하에 이루어지게 된다. 계약정신과 기록정신이 철두철미한 서구인들이라 아마도 각서 같은 것을 미리 받고 했을 것이다.

뇌의 특정부위에 전기자극을 가함으로써 환영의 존재가 나타나게 할 수 있다는 것이 발견되었다. 스위스의 신경의 올라프 블랑케가 뇌수술을 앞둔 젊은 여성의 뇌를 점검하던 중이었다. 왼쪽 모이랑[29]에 전류를 흘려보내는 순간 젊은 여성 환자는 음산한 환영이 자신의 침대 밑에 누워있다고 하소연하는 것이었다. 전기자극을 중단하면 그 환영도 즉시 사라졌다. 그 음산한 환영은 여자이기보다 남자에 가까웠고 대체로 무언가를 방해하려는 듯한 섬뜩한 느낌을 풍기고 있었다. 여성 환자가 침대에서 일어나 앉아 두 팔로 무릎을 감싸고 있을 때 다시 전류를 흘려보내자 이번에는 그 남자가 뒤에서 자기를 껴안으려 시도했다고 말했다. 여성 환자가 오른손으로 카드를 쥐자 이번에는 환영이 그것을 빼앗으려고 했다. 환영은 환자의 자

---

29) 모이랑(Angular gyrus): 각회(角回)라고도 한다. 대뇌 측두엽과 경계선에 위치한 대뇌 두정엽의 한 부위를 일컫는 해부학 용어이다.

세와 상태를 유사하게 모방하는 것이었다. 즉, 환자가 누우면 같이 눕고 앉으면 같이 앉고 하는 식인데 항상 환자 자신의 등 뒤에 존재하는 양상을 보이고 있었다.

유체이탈 체험

이번에는 신경의 올라프 블랑케가 하이디라는 다른 여성 환자의 뇌를 수술 전 점검하던 중이었다. 오른쪽 모이랑에 전기 자극을 가하는 순간 하이디는 자신의 몸을 빠져나와 천장으로 붕 떠올랐다고 했다. 그녀는 천천히 근처를 떠다니며 아래를 내려다보았고 자기 몸 주위로 세 사람이 보였다고 했다. 그중 한 사람은 자신의 오른쪽 뇌에 연결된 전극을 조작하고 있었다고 했다. 하이디는 자신이 위로 치솟아오를 때 반투명한 유령이 된 느낌이 들었다고 했다. 전극을 끊으면 순간적으로 다시 침대에 누워있는 자신으로 돌아왔다.

—샌드라&매슈 블레이크슬리, 『뇌 속의 신체지도』

우리는 간혹 가위에 눌리는 경험을 하게 되는데 대개는 앞에서 예를 든 경우와 흡사하다. 환영이 등 뒤에서 나타나 눈을 가리거나 몸을 허락 없이 더듬는 등 불쾌한 행동을 주로 한다. 가위에 눌릴 때는 공포감으로 눈이 잘 떠지지 않거나 소리를 지르고 싶어도 나오지 않게 된다. 가끔 다리에 쥐가 나는 경우도 있는데 이와 같이 뇌의 해당 부분에 혈액공급이 일시적으로 불순하여 왼쪽 모이랑이 맡은바 기능을 잠정적으로 제압당할 때 이런 현상이 나타날 수 있다.

또한 사람들이 유체이탈 경험담을 종종 이야기하는데 이러한 현상의 대부분은 병이나 사고로 임종을 앞두고 있거나 전신마취수술을 받고 있는 상태에서 주로 발생한다. 수술을 받고 있는 중에 수술대에서 자신의 몸을 빠져 나와 천장에서 수술을 받고 있는 자신을 내려다보는 경우가 많다. 좀 별난 경우에는 이탈한 유체가 병원 수술실의 천장에 머무르지 않고 밖으로 돌아다니거나 자신의 집까지 가서 지인들이 말하고 행동한 것을 관찰하고 돌아가는 경우도 있다. 유체가 돌아다니면서 관찰한 내용들을 검정해 보니 모두가 정확하게 일치했다는 설명이 항상 뒤따른다.

가장 웅장한 스케일의 유체이탈을 경험한 사람은 역시 스위스의 정신분석학자 칼 구스타프 융(1875~1961)이다. 융은 만년에 자신의 영혼이 육체를 이탈하여 하늘로 치솟아 올라갔는데 얼마나 올라갔는지 지구가 아름다운 블루 마블의 공 모양으로 그의 눈에 들어왔다고 했다. 당시에는 미국의 아폴로 계획이 본격적으로 시작되기 전이라서 지금과 같은 블루 마블 모양의 지구 사진은 볼 수가 없었다. 기껏해야 원지점 1,000킬로미터 이내의 소련의 스푸트니크가 보내온 사진이 있었을 텐데 그것으로는 완전한 공 모양을 얻기 힘들다. 융의 위대한 상상력이 빛을 발한 순간이었다.

많은 사람들이 전신마취수술을 받기 전에 어떻게든 유체이탈을 경험해 보려고 단단히 벼르는 경우가 있지만, 잘하던 재주도 멍석을 깔아놓으면 안 되듯이 아무런 현상이 나타나지 않아 실망하는 경우가 대부분이다.

이렇듯 알고 보니 가위눌릴 때 나타나는 기분 나쁜 환영이나 괴기스러운 유체이탈의 체험도 모두 뇌가 지어내는 실체가 없는 현상이다. 실체가 없다는 것을 알면 공포감은 사라진다. 가위눌림과 유체이탈 자체를 인류사에서 사라지게 할 수는 없겠지만 적어도 거기에서 공포감은 제거해낼 수 있다.

귀신이 등 뒤로 와서 나를 만지는 것이 아니라 나의 뇌 가운데 왼쪽 모이랑 부분에 잠시 쥐가 났구나 하고 생각하면 될 것이다. 눈이 안 떠지고 목소리가 안 나오더라도 당황하지 말고 침착하게 '나는 그 실체를 안다' 는 확신을 가지고 잠시만 기다리면 모든 것은 정상으로 돌아오게 된다. 유체이탈은 확률적으로 체험하기가 어렵지만 혹시 천장으로 떠오르는 경우가 발생하더라도 당황하지 말고 잠시만 기다리면 곧 다시 돌아가게 되어있으니 너무 걱정할 필요가 없다. 그것 역시 뇌의 오작동에 불과한 것이지 나의 영혼이 밖으로 빠져나온 것은 아니다.

뇌과학자들에 의하면 우리가 지극히 정상적인 상태에 있을 때 유령이 뒤따라오는 일도 없고, 내가 유일한 나이며, 내가 내 속의 한가운데 위치하여 함부로 밖으로 떠돌아다니지 않는다고 하는 생각이나 느낌조차도 뇌가 지어낸 결과라는 것이다. 우리의 인지 영역을 조금만 더 확대해 보면 그러한 것을 알 수 있게 된다.

−시각기능: 우리는 눈이 아니라 뇌로 물체를 보고 있다

우리가 물체를 본다는 행위는 매우 높은 수준의 정보처리과정 가운데 하나이다. 우리가 무엇을 볼 때 사실은 눈이 아니라 뇌로 본다는 것이 최근의 연구결과로 밝혀지고 있다. 시각정보는 후두엽에 있는 제1차 시각령이라는 부분으로 우선 보내진다. 거기에서 모양이나 색 등 일차적인 정보가 인식된다. 그러나 그 신호들은 우리가 지금 사물을 보고 있는 것처럼 선명한 상을 만들지는 않는다. 시신경과 망막이 연결되는 위치에 맹점이 있을 뿐 아니라 시야 전체에서 해상도가 좋은 부분은 아주 좁은 구역뿐이다. 따라서 뇌에 들어온 미가공 데이터는 상태가 아주 나쁘고 구멍까지 뚫려있는 그림이다.

양쪽 눈에서 들어온 입력을 조합하고 가까운 지점들이 시각적 속성은 비슷하다는 전제 하에 구멍들을 메우게 된다. 그 정보는 다시 더욱 높은 수준의 시각령으로 보내져 종합적으로 처리되는데, 이 과정에서 뇌의 자그마치 33군데의 영역이 상호 협력한다.

우리는 주위의 물체를 입체로 파악한다. 당연하게 생각되는 일이지만 사실 이 정보처리 과정은 매우 어려운 일이다. 이는 시각에 관한 매우 중요한 연구과제 중의 하나다. 뇌는 망막에서 전달된

2차원 데이터를 가공해서 3차원 공간으로 복원하여 인식한다. 다시 말하면 뇌는 정신적인 그림 또는 모형을 재구성하는 것이다.

－뇌의 모형 만들기 작업기능

뇌는 모형 만들기에 뛰어난 귀재이다. 백문이 불여일견이라, 간단한 실험을 따라해 보면 무슨 말인지 금방 알 수 있다.

실험 준비물: 거울, 백지, 필기도구

실험방법: 1. 책상 앞에 앉는다.

2. 책상 위에 거울을 놓되 거울 면이 나를 향하게 한다.

3. 거울 앞에 백지를 놓고 사각형을 그리되 눈은 항상 거울 속에서 그려지는 도형만을 보고 있어야 한다. 거울 속에서 눈을 떼지 않도록 주의한다.

4. 계속해서 5분 정도 사각형 그리는 작업을 반복한다. 너무 단조로우면 글씨도 써 본다.

5. 이것이 끝나면 거울을 치우고 사각형을 그려 본다.

자, 어떤 현상이 일어나는가? 이것이 바로 뇌의 모형 만들기 작업이다. 이 실험은 생애에 한 번만 하고 두 번 다시 하면 안 된다. 해 본 사람은 무슨 이유인지 알 것이다. 바로 어떤 두려운 생각이 들 것이기 때문이다.

사실상 우리 눈의 망막에 맺히는 물체의 상은 거꾸로 된 도립상이다. 그 도립상이 거꾸로 보이지 않고 바로 보이는 이유가 바로 뇌의 모형 만들기 작업의 결과인 것이다. 여기서 만약에 물체가 다시 거꾸로 보이는 광학렌즈의 안경을 낀다고 하면 뇌는 한 시간 안으로 그 도립상에 적응하여 바로 보이게 작업을 할 것이다. 그것이 우리의 뇌이다.

무한쾌감, 복측피개령

캐나다 맥길대학의 뇌과학자 제임스 올즈와 피터 밀러는 동물에게 무한쾌감을 선사하는 뇌 부위를 발견하였다. 생명 중추인 뇌간에 위치하는 복측피개령[30]의 도파민 뉴런이 그것이다. 도파민 뉴런은 자신의 긴 축색돌기를 앞으로 뻗어 시상하부를 통과하여 변연계의 좌우 해마 옆에 붙어 있는 측좌핵[31]에 시냅스를 둔다. 이 시스템이 황홀한 쾌감을 선사하는 '쾌감회로'이다. 이 도파민 신

---

30) 복측피개령: VTA(Ventral Tegmental Area), 배쪽피개부라고도 하며, 뇌간 부위의 특정한 해부학적 영역을 말한다. 도파민을 생성하는 뉴런이 위치하고 있어 쾌감회로의 중추라고도 할 수 있다.
31) 측좌핵: 변연계에 있으며 좌우 해마 옆에 1쌍이 있다. 애정, 성, 오락, 성취 등 모든 긍정적인 행동을 주관한다.

경세포가 쾌감을 관장하는 신경전달물질인 도파민을 생산하여 측좌핵 부분에 뿌린다. 이 측좌핵이 바로 동물의 모든 행동력을 일으키는 인터페이스이다.

이 도파민 신경세포 주변에는 그것의 활동을 억제하는 도파민 신경억제 뉴런들이 붙어있다. 도파민이 과잉 생산되지 않도록 하는 감시기관인 셈이다. 우리가 술을 마시게 되면 이 억제세포들의 도파민 뉴런에 대한 감시활동이 둔화되고 따라서 도파민이 더 많이 생성된다. 술을 마시고 나면 기분이 좋아지고 통제력을 잃게 되는 이유가 바로 이것이다. 코카인은 측좌핵 부분에 뿌려진 도파민의 회수활동을 억제시켜 쾌감을 확대한다. 술은 경비원, 코카인은 청소부가 각각 맡은바 일을 소홀히 하도록 하여 사람의 통제력을 잃게 하는 것이다.

이 복측피개령은 프랑스의 천재 소설가 베르나르 베르베르의 소설 『뇌』에서도 소개된 바 있다. 장난기 많은 캐나다의 대학원생 둘은 생쥐를 대상으로 한 실험에서 쥐의 복측피개령에서 나온 축색에 전기 침을 꽂고 전류를 흐르게 하는 스위치인 페달을 쥐가 밟을 수 있게 장치해 놓는다. 쥐가 페달을 밟으면 도파민이 뇌에 분사되는 것이다. 쥐가 한 번 그 페달을 밟게 되면 그 다음은 모든 다른 행동을 일체 하지 않게 된다. 식사를 하는 것도 그만두고 짝짓기를 하는 것도 잊으며 오로지 페달을 밟는 일에만 몰두한다. 포유동물의 가장 높은 단계의 본능인 새끼들을 보호하는 행위조차 포기해

버린다. 페달로 가는 길에 전기충격장치를 해놓아도 소용이 없다. 죽을 만큼의 강한 충격에도 건너가고야 만다. 그러고는 자신의 마지막 생명의 불꽃이 아스러질 때까지 오로지 페달 밟는 일에만 몰두한다.

복측피개령이 생명 중추인 뇌간에 위치하고 있어서 인간에게 이 실험을 하기에는 위험과 더불어 도덕적인 문제가 따른다. 그러나 앞으로 수십 년 후에는 원하는 모든 인간은 임종 시 무한쾌감 가운데에서 열반하는 상황이 오지 않을까 상상해 볼 수 있다. 시술하는 의사로서는 약물을 따로 투입하는 것이 아니므로 습관성약물관리법과는 관련이 없고, 해당이 된다면 불법침술 정도에 해당될 수 있다.

학습이란 무엇인가

우리가 무엇을 학습하거나 기억을 형성할 때, 뇌 속에서는 어떤 일들이 일어날까? 아직은 자세한 메커니즘이 다 밝혀지지 않았지만 '뉴런 네트워크의 변화' 즉, 뉴런끼리의 연결방식이 바뀌는 것이 학습과 기억에 관계하고 있음이 밝혀졌다.

1940년대 말 캐나다의 헤브(Donald Hebb)는 뉴런의 네트워크가 변하는 것이 학습이며 그 네트워크의 변화가 지속되는 것이 기억으로 보인다는 설을 제안했다. 시냅스에 반복적으로 전기적 신호가 통함으로써 오랜 시간에 걸쳐 시냅스를 통과하는 정보전달방식이 좋아지는 것을 '장기증강(長期增强)'이라 하고, 반대로 나빠지는 것을 '장기억압(長期抑壓)'이라고 한다. 장기증강은 정보를 전달하는 쪽의 신경전달물질이 늘어나는 동시에 정보를 받는 쪽의 수용체 감도와 수가 증가하기 때문으로 보인다.

2000년에 노벨상을 받은 미국 컬럼비아대학의 의학부 교수 에릭 캔들은 다음과 같이 이야기한다.

"연구를 통해 알게 된 것은 매우 단순한 학습이라도 기존의 시냅스의 결합강도에 변화가 생긴다는 것이다. 학습을 하면 시냅스 부분의 세포 속에서 신호전달계가 활성화되고 그것이 시냅스결합의 강화로 이어진다. 장기기억 형성의 경우에는 그 신호가 핵 속으로 전해져 유전자가 발현된다. 그러면 새로운 단백질이 만들어지고 그 결과 새로운 시냅스 결합이 형성된다. 이것이 우리들 뇌 속의 기억저장방식인 것이다."

−해마, 기억의 획득

대뇌의 측두엽 안쪽에는 해마(hippocampus)라는 기관이 있는데, 이곳은 새로운 기억을 획득하는 곳이다. MIT의 도네가와 스스무 팀은 특정 유전자가 파괴된 소위 녹아웃 생쥐를 이용한 분자생물학적인 실험방법을 최초로 도입하여 해마의 기능을 밝혀냈다. 녹아웃 생쥐의 학습능력을 관찰하면 그 유전자가 만드는 단백질 분자가 정말로 기억에 필요한지를 알 수 있다. 나아가 유전자가 파괴되는 영역을 한정시킴으로써 어떤 뉴런회로가 기억의 획득에 필요한지를 특정할 수 있다.

기억의 획득에는 해마 속에 있는 CA1령이라는 영역의 시냅스 가소성[32]이 필요하다는 것이 밝혀졌다. 정상적인 생쥐는 우유 같은 불투명한 액체가 채워진 수조 바닥에 있는 휴게소의 역할을 하는 발판의 위치를 기억해 내지만, 녹아웃 생쥐는 그 능력을 상실하여 익사를 하게 된다.

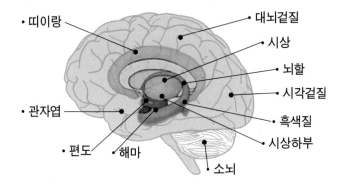

교통사고로 해마 부위가 손상되어 서울의 한 종합병원 신경외과 병동에 장기 입원했던 어떤 여성의 병상일지를 한번 보자. 교사 출

---

32) 가소성(plasticity): 학습에 의한 변화의 가능성이다. 플라스틱의 열 가소성에서 착안된 용어로, 플라스틱이 열에 의해 원래의 모양이 변형되듯이 학습에 의하여 뇌의 해당 부분이 장기적으로 변화된다는 의미이다.

신으로 아담한 몸집에 쏘는듯한 눈빛을 가진 미모의 그 환자는 오래 전의 일은 모두 기억하였으나 새로운 기억을 형성하는 데 어려움이 있었다. 방금 식사한 것도 금방 잊어버리고 또 밥을 달라고 하였다. 달라는 대로 밥을 주면 오전 중에만 다섯 끼는 먹을 것이다. 회진의사를 볼 때마다 처음 보는 것같이 인사를 꼬박꼬박 다시했다. 대신 사고 전에 있었던 옛날이야기들은 막힘없이 잘 저장되어 있었다.

뇌과학과 자아

프란시스 크릭 박사의 자아탐험
－인간은 한 뭉치의 뉴런

"인간이란 정녕 한 뭉치 뉴런의 덩어리[33]인가?"

영국의 분자생물학자 프란시스 크릭(Francis Crick, 1916~2004)[34]은 뇌 연구에 몰두하다가 한순간 이렇게 외친다. 여기서 한 뭉치의 뉴런이란 인간의 정신이 발현하는 뇌를 지칭한다. 인간의 모든 감

---

33) 뉴런의 덩어리: 뇌를 지칭하는 말이다. 뇌는 약 1,000억 개의 연합뉴런이 모여있는 집합체이다.
34) 프란시스 크릭: 1953년에 DNA 구조를 최초로 밝힌 한 사람이다. 영국 출신으로 분자생물학에서 큰 업적을 이룬 후 전공을 바꾸어 뇌와 의식의 문제를 집중적으로 탐구하였다.

정과 사고와 예지의 중추로서 자아가 발현되는 곳이라고 믿어지는 뇌에서 도대체 어떠한 일들이 일어나고 있는 것일까?

뇌는 구성하는 1,000억 개의 연합뉴런들은 각각 길게 내밀고 있는 축색돌기로 인접한 뉴런들과 복잡하게 연결되어 있다. 뉴런들은 뇌의 부위에 따라 모양을 조금씩 달리할 수는 있지만 기본적인 구성요소는 동일하다. 핵을 가진 신경세포체가 있고 그 세포체에서 한 개의 긴 축색이 뻗어 나온다. 축색의 끝이 이웃 뉴런의 신경세포체의 몸통에 가서 붙는 부분을 시냅스라고 한다. 축색은 전선과 동일한 역할을 하여 전기적인 신호로 정보를 전달하며, 그 끝에는 시냅스라고 부르는 신경전달물질의 주머니 창고가 있다. 축색으로부터 전기적 신호를 받으면 그 주머니가 터지면서 신경전달물질이 밖으로 나와 인접한 뉴런의 세포체 속으로 수용된다. 이러한 일련의 과정을 거치며 한 개의 뉴런에서 시발된 정보는 인접한 뉴런으로 이동하며 전달된다.

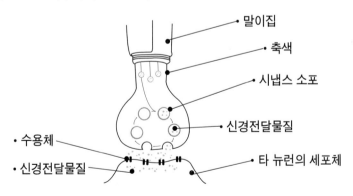

한 개의 뉴런에서 나온 축색은 시냅스를 최소 500개에서 많으면 수만 개 가지는데 대개는 5,000~10,000개 정도를 가진다. 뇌 속의 1,000억 개의 뉴런들이 각각 5,000~10,000개씩 가지는 시냅스의 연결까지 생각하면 최종적으로 이루어지는 네트워크는 상상을 할 수 없을 정도로 복잡해진다.

뇌는 어릴 때 급격히 형성되는데 5세쯤 되면 1,200g 정도로 성인 뇌의 80~90%가 이루어진다. 반면 시냅스는 걸음마를 떼기 시작하는 8개월경에 최고의 밀도를 이루고 그 후 급속히 줄어든다. 사춘기경이면 8개월경 뇌 시냅스의 밀도에서 절반 정도로 떨어진다.

그렇다면 인간의 마음은 어디에서 어떻게 발현되는 것일까? 생각의 주체 또는 자아의 주인공을 찾기 위해서 프란시스 크릭은 모두 불러모아 청문회를 열기로 하였다.

◆ 뉴런 청문회
먼저 뉴런 세포체의 핵이 불려 나왔다.

크릭: 이름이 '핵' 인 것을 보니 상당히 중요한 역할을 맡아 하겠군. 네가 주범이지?

핵: 절대로 아니오. 자세히 보시면 알겠지만 나는 일반 체세포의 핵과 똑같소. 이름만 핵이지 하는 일은 세포의 생명을 유지하는 데 뒤치다꺼리나 하지, 뭘 결정하고 선동하는 것

과는 거리가 머오. 주범이라니 천부당만부당한 소리요.

그 다음은 축색이 불려 나왔다.

크릭: 너는 생긴 것 자체가 기이하게 생겼구나. 다른 세포에서
　　　는 볼 수 없는 끈과 같은 긴 모습을 보니까 아주 특이하
　　　다. 너야말로 주범이지? 조사하면 다 나오게 되어있어.

축색: 그런 말 마시오. 나는 생각 자체가 없는 물건이오. 나를
　　　자세히 뜯어보시오. 나는 기껏해야 한 발의 전깃줄에 불
　　　과하지 않소? 나의 머리 부분이 흥분하면 그냥 자동적으
　　　로 나의 발끝으로 그것을 지리릿 하고 전달할 뿐이오. 내
　　　평생 뭔가를 생각해서 자발적으로 결정해본 적은 한 번
　　　도 없소.

다음은 축색에 붙어있는 말이집이 잡혀왔다.

크릭: 너는 왜 축색에 붙어있느냐? 수상하기 이를 데가 없다.
　　　정체가 무엇이냐?

말이집: 하이고, 나는 정말 아무것도 아닙니다. 성분은 지질이
　　　고 하는 일은 절연이요. 나는 축색을 둘둘 말아 이름도
　　　말이집이오. 누전을 방지하는 전선피복재에 불과하다
　　　이 말입니다. 수상할 것 아무것도 없습니다.

마지막으로 말단의 시냅스가 불려왔다.

크릭: 너야말로 진짜 수상하게 생겼구나. 문어다리에 붙어있
　　　는 빨판같이 생겨가지고는……. 그 빨판 같은 것 속에는

주머니를 여러 개씩 감추고 있군. 그 속에 든 것이 무엇이냐?

시냅스: 그냥 약주머니요. 약방 주인이 천정에 주렁주렁 약주머니를 매달아 놓은 것이나 마찬가지요. 축색을 통해 처방전이 오면 그것에 따라 그 주머니를 터뜨려 열지. 그래 봤자 그것은 액체로 된 국물이지요. 국물이 주범이 되고 범죄를 모의한다는 이야기 들어봤어요?

모두가 요리조리 핑계를 대며 다 빠져나가니 "뉴런이 인간이다"라고 한 조금 전 프란시스 크릭박사의 깨달음의 외침은 어디로 가버렸나? 도대체 무엇이 마음의 주체라는 말인가?

인간은 뇌다[35]. 맞다.

뇌는 뉴런이다. 맞다.

뉴런은 핵, 축색, 말이집, 시냅스다. 맞다.

뉴런을 구성하는 요소 각각을 뜯어보면 주체적인 존재는 하나도 없다. 도대체 무엇이 생각을 지어내는가?

청문회를 주관하던 프란시스 크릭은 크게 낙담했다. 아침에는 주범을 잡았다고 생각했는데 오후에는 모든 것을 놓쳐버리고 말

---

35) 여기서 '인간은 뇌다' 라는 말은 '인간=뇌' 라는 의미가 아니고 인간의 주체가 뇌라는 의미이다. 그런 의미에서 눈, 코, 입, 귀, 혀, 팔다리, 오장육부는 이 주체의 보조장치 또는 수단이다.

았다. 아리송한 범인의 정체로 인한 답답한 마음에 시원한 물이나 마시려고 냉장고 문을 열었다. 오래된 구식 냉장고라 모터 돌아가는 소리가 윙 하고 났다. 크릭박사는 잠시 생각에 잠겼다.

'음…… 이 냉장고는 껍데기를 제외하면 여러 개의 모터와 응축기, 그 속을 흐르는 냉매, 그리고 복잡하게 얽힌 전선 등으로 되어 있다. 전기스위치를 연결하지 않으면 바위나 마찬가지의 물건에 불과하나 전기가 들어가는 순간 이 모든 부품들이 분주하게 협력하여 냉기를 만들어낸다. 모터나 응축기, 냉매, 전선들이 단독으로는 아무것도 해내지 못하는 것은 사실이다. 냉기, 그것은 냉장고의 정신이다. 바로 그 냉기와 같이 인간의 마음도 뉴런들이 분주하게 전기화학적인 활동을 하는 가운데 떠오르는 어떤 연합된 현상의 결과물 같은 것이 아닐까?'

－안비이설신의(眼耳鼻舌身意) 홀로그램

크릭 박사는 그날 저녁 머리를 식힐 겸 영화관에 갔다. 영화 제목은 존 웨인 주연의 서부영화 〈역마차〉였다. 영화의 화면 속으로 빨려 들어갈 듯이 몰입한 순간도 어느덧 지나고 상영이 끝나서 깜깜해진 객석에 잠시 앉아있던 크릭 박사는 문득 이런 생각을 해 보았다. 조금 전까지 활동하던 듬직한 몸집에 인상 좋은 존 웨인은 지금은 어디로 가버렸나? 또한 그는 어디서 나타났나? 인간의 천 가지의 느낌과 만 가지의 생각은 어디에서 나오나? 내가 나라는 느낌은 어디에서 나올까? 한 뭉치의 뉴런덩어리에서 나오는 것만은 확실한데 그것이 어떻게 발현된 것일까?

　인간의 뇌에는 안이비설신의(眼耳鼻舌身意)의 여섯 가지 감각을 담당하는 지역이 따로 있다. 안(眼)은 후두엽, 이(耳)는 측두엽, 비(鼻)와 설(舌)과 신(身)은 두정엽, 의(意)는 전두엽이 각각 담당하고 있다. 영사기에 전깃불이 들어오면 스크린에 존 웨인이 나타나 우리의 마음을 사로잡는 연기를 하듯이, 우리의 뇌 속에서도 여섯 대의 영사기가 스크린을 비추면서 색성향미촉법(色聲香味觸法)의 영상을 지어내는 것이 아닐까? 아마도 그들은 둘 또는 셋에서 그룹을 지어 활동할 것이다. 안(眼)과 이(耳)가 짝지을 수도 있고, 이(耳)와 설(舌)과 신(身)이 같이 활동할 수도 있고, 아예 다 꺼지고 의(意)만 홀로 활동할 수도 있다.

　이렇듯 안이비설신의(眼耳鼻舌身意)의 영사기가 돌아감에 따라,
　색(色)의 화면이 커지고,
　성(聲)의 사운드트랙이 울리고,
　향(香)의 주머니가 터지고,
　미(味)의 맛봉오리가 느끼고,
　촉(觸)의 감각이 살아나며,
　법(法)이 움직이기 시작하여 입체영상이 활동하기 시작한다.
　일종의 홀로그램이 나타나 주인공 역할을 하며 웃기고 울리다가

전원이 나가면 홀연히 사라진다.

그날 밤 잠에서 깬 크릭은 깜깜한 침실의 침대에 누운 상태에서 알 수 없는 이유로 헤어진 첫사랑 낸시를 떠올렸다. 감미롭던 목소리와 부드러운 뺨의 촉감이 생생하게 되살아난다.

(眼耳鼻舌身의 영사기가 모두 꺼진 상태에서 意의 영사기만 돌아간다.)

어느 여름 산타모니카의 해변을 같이 달린다. 낸시가 까르르 웃는다. 귀여운 낸시……

(眼耳身意의 4대의 영사기가 돌아간다.)

해변의 식당에서 로브스터를 같이 먹는다. 해조음과 비릿한 바다 내음……. 낸시는 눈만 마주치면 방긋방긋 웃는다. 하느님 감사합니다.

(眼耳鼻舌身意 6대의 영사기 모두가 돌아간다. 인생이 모두 홀로그램이라지만 가장 실감이 났던 순간이다.)

방의 불은 꺼지고…… 낸시의 몸을 부드럽게 애무한다. 낸시가 파르르 떨며 반응해 온다.

(眼耳鼻舌 영사기가 꺼지고 身과 意의 영사기 2대가 남아서 돌아간다.)

이윽고 6대의 영사기가 모두 꺼지고 깊은 평화가 찾아온다.

벅민스터 풀러의 자아

미국의 벅민스터 풀러(Buckminster Fuller, 1895~1983)은 "나는 동사(動詞)로 존재한다"라는 말을 했다. 이 말은 데카르트의 "나는 생각한다. 고로 나는 존재한다(Cogito, ergo sum)."에 비해서도 전혀 손색이 없는 20세기의 명언이다.

벅민스터 풀러의 이 말은 어느 선사의 공안 못지않게 심오한 과제를 던진다. 그의 이 말은, 예를 들자면 '나는 걷고 있는 가운데 존재한다' 또는 '나는 말하고 있는 가운데 존재한다' 라는 말이다. 다시 잘 살펴보면 이 말은 주체적인 나라는 존재가 있어서 그 존재가 걷거나 말을 한다는 것이 아니라, 나는 걷거나 말하는 가운데서 비로소 존재하는 것이라는 말이다. 고정불변의 자아가 없다는 붓다의 깨달음과 맥이 닿아있다.

자아는 실제로 있는 것이라기보다는 만들어낸 것이라는 시각이 옳은 것으로 보인다. 우리의 마음이 평안 무사한 상태에 있을 때, 자아는 있는 듯 없는 듯 숨어서 나타나지 않는다. 그러나 다른 자아를 만나면 자아는 고개를 들기 시작한다. 자신이 더 우월하다고 생각될수록 자아는 점점 더 고개를 들고 일어선다. 나보다도 못하다고 판단되는 상대방을 만났을 때에는 상대방을 납작하게 만들어 주려는 마음이 생기고, 상대방에게 이길 수 없다고 판단되면 면전에서는 가만히 엎드려 있지만 속으로 관찰을 계속하며 빈틈을 노린다. 상대방보다 잘났다가는 이래도 저래도 손해볼 일만 생기는 것이다.

『금강경』에서 왜 아상(我相)을 없애라고 하는지 그 이유를 알 것 같기도 하다. 불교뿐 아니라 노장사상에서도 앞장서서 설치지 말고 겸손할 것을 누누이 강조한다. 노장사상은 상대방의 자아를 쓸데없이 부풀려 내가 손해 보는 것을 줄이는 전략적 차원의 자제를 강조하는 것으로, 원리는 비슷해 보인다.

수행: 계(戒)·정(定)·혜(慧)

자아라는 것은 다양한 마음의 작용 가운데 한 가지 형태에 불과하다. 이것이 발현할수록 마음의 평화와 지혜와 가치는 사라지고 천박함, 비좁음, 불행감 등이 나타나 일체개고의 고통이 확대된다. 사람이라면 누구든 뇌의 특정 부분에서 상대방의 자아 크기를 본능적으로 순식간에 파악한다. 정도의 차이는 있겠지만 상대방의 자아 크기 또는 그 이상의 크기로 자신의 자아를 부풀리는 인간의 타고난 본능을 '상대성의 원리'라고 부를 수 있다.

이러한 인간의 본능이 고통의 온상이 된다는 것을 알게 되는 것은 매우 바람직한 일이다. 문제를 일단 알면 반 이상은 해결된 것이나 다름없기 때문이다. 계·정·혜(戒·定·慧) 삼학의 수련을 통해 그것을 증득할 수 있다. 계정혜는 단계를 밟아야 올라간다.

－계(戒)

다소 어색하며 생각하는 것보다 쉽지 않은 것이 계의 과정이다. 인간의 본능을 거스르는 것이기 때문일 것이다.

우선 흔한 '불살생'이라는 계를 지키겠다고 마음먹었다고 가정해 보자. 지금까지 바퀴벌레를 보면 걸레를 던지는 등의 방법으로 체포해서 압형을 집행해 왔으나 지금부터는 눈앞에 지나가는 것을 그냥 지켜보기만 해야 한다. 그 정도는 해볼 만하다. 그러나 여름철에 벗은 몸 주변으로 성가시게 덤벼드는 모기떼를 만나면 사정이 좀 달라진다. 자신도 모르는 사이에 손바닥이 철썩하고 올라가 붙는다. 피가 퍽하고 터지는 순간 그와 함께 불살생의 계는 깨진 것이다. 모기가 성가시더라도, 따끔하더라도, 발갛게 피부가 부어오르더라도 철썩하고 손이 올라가서는 안 되는 것인데, 이 정도면 생각했던 것보다는 좀 더 어렵다. 밤중에 자다가 일어나 휘어이 휘어이 하면서 모기를 물리치는 춤을 추다 보면 내가 지금 뭘 하고 있는지 한심하다는 생각이 들 수도 있을 것이다.

또, '화를 내지말자' 라는 것을 자신이 지킬 계로 삼았다고 치자. 이것 역시 불가능한 것은 아니라 할지라도 매우 어려운 과제임에 틀림없다. 그렇다고 해서 지레 포기하지는 말고 시행을 해 보면 그만한 가치가 충분히 있을 터이니, 여러분들도 다음의 단계들을 같이 한번 따라해 보는 것도 좋을 것이다.

• 첫째 단계: 화를 내지 않는 수행의 첫 번째 단계는 사람이 없는 곳에 가서 화를 내 보는 것이다. 만약에 욕설이 나오면 아무도 없는 곳에 가서 쏟아내 본다. 화가 나면 사람이 아무도 없는 장소로 빨리 이동하는 것이 관건이다. 만약에 차로 이동한 사람은 욕설

을 풀어놓기 전에 반드시 뒷좌석을 확인해 보는 과정이 필요하다. 부부싸움 뒤에 부인도 차로 피신 와서 앉아있을 가능성이 있다. 그렇게 되면 그것은 수행이 아니라 파멸의 지름길이 되니 주의를 요한다. 나는 어느 정도 수행이 된 사람이므로 이 단계는 그냥 넘어가겠다고 하는 사람은 그냥 넘어가도 좋겠지만 그래도 이 단계를 거칠 것을 강하게 권하는 바이다.

• 둘째 단계: 사람이 앞에 있으면 화가 나더라도 겉으로 표현하지 않는 것이다. 속으로는 욕을 해도 아무런 상관이 없다. 그러나 입술이 따라 움직이지 않도록 세심한 주의를 요한다. 어느 정도 숙달이 되면 속으로 욕이 나오든 말든 상대방에게 온화한 표정을 지어본다. 속임수가 아니냐는 생각은 절대로 할 필요가 없다. 수행의 단계에서 필연적으로 거쳐야만 하는 과정이다. 이 단계를 건너뛰면 다음 단계로 올라가기가 매우 힘들다.

• 셋째 단계: 두 번째 단계를 수없이 반복하다 보면 화를 겉으로 표현하지 않는 것 자체로도 엄청난 수혜가 있음을 알게 된다. 상대방에게 화를 표현하는 것은 상대성의 원리에 의해 자신에게 해롭다는 것을 알게 되어 화를 내는 빈도가 확실하게 줄어든다. 이 단계에서 다음 것을 병행해서 시도해 보면 좋다. 즉, 내가 세상 사람들에게 화를 내는 경우가 있더라도 내 아내에게만은(또는 내 여동생에게만은, 특정한 어떤 소중한 사람에게만은) 죽는 날까지 화를 내지 않겠다고 속으로 맹세하고 실천에 옮겨보는 것이다. 반드시 소중한

사람부터 시작해야 한다. 목표를 너무 높게 잡아 미운 사람부터 시작하면 실패할 확률이 높다.

• 넷째 단계: 자세히 보고 장기적으로 보면 화낼 일이 그렇게 많지 않다는 것을 알게 된다. '아! 예전 같았으면 이 대목에서 화를 냈겠지? 그때는 내가 좀 어리석었어.' 하고 웃을 수 있게 된다. 한꺼번에 너무 높은 단계를 욕심내지 말아야 한다. 화를 참는 과정이 자신을 속이는 것이라는 생각은 절대로 할 필요가 없다는 것을 다시 강조한다.

－정(定)

팔정도 가운데 정(定)에 해당하는 것은 정정진(正精進), 정념(正念), 정정(正定)이다. 산란한 마음을 일정한 대상에 집중하여 고요한 가운데 진리를 찾는 과정이다.

－혜(慧)

앞에서의 계와 정의 과정을 수없이 거치면 크고 작은 것을 구분하는 능력이 생겨난다. 큰 것을 위해 작은 것을 버리는 지혜가 마침내 드러나게 되는 것이다. 무명과 미혹이 사라지고, 있는 그대로의 진리를 볼 수 있게 된다.

자아 버리기 연습

-동물들의 서열 짓기

동물의 세계에서 서로의 크기를 재는 것은 모든 사회활동의 시작이자 기본이다. 개는 집 밖을 나서면 일단 가로수 밑동과 담벼락에 소변을 봐서 같은 종족들에게 '나 이런 놈이니 언제 한번 보자'는 메시지를 남긴다. 낯선 개끼리 처음 만나면 우선 마주보고 코를 서로 맞대고 상대를 관찰하기 시작한다. 코를 맞대면 키는 자동적으로 가려질 것이고, 그 다음은 얼마나 어깨가 넓은가, 근수는 얼마나 나가나 등을 차례로 조사한다. 이러한 탐색전을 벌이는 이유는 만약 둘 사이에 일전이 벌어질 경우 누가 이길 가능성이 더 있는가를 조사하기 위한 것으로, 간단하게 말하면 서열을 정하는 것이다. 크림반도를 사이에 두고 러시아와 우크라이나가 서로 무력 대치하는 과정이 바로 여기에 해당된다.

영어에도 top dog와 under dog라는 말이 있듯이, 개 두 마리가 처음 만나면 반드시 자기네들끼리 누가 top dog인지 under dog인지부터 정한다. 우열이 정해지면 서열이 낮은 개는 그것을 인정하는 몸동작을 내보여야 한다. 꼬리를 다리 사이에 감추고 엉덩이를 낮추고 고개를 아래위로 저으면서 비굴한 눈빛을 상대방에게 보여야 한다. 땅에 드러누워 배를 상대방에게 보이는 행동은 극단적인 복종의 표시이다. 그래서 개는 주인에게도 이런 행동을 해 보인다.

길을 가다 보면 어떨 때에는 개 두 마리가 맹렬히 붙어서 싸우는 경우를 볼 수가 있다. 이런 경우는 서열의 합의가 잘 이루어지지 않은 경우이다. 덩치로 한몫해 보려는 개와 깡으로 살아온 개 두 마리가 만난 경우와 같이, 서로 자기가 top dog라고 생각할 때 이런 일이 벌어진다.

개뿐만이 아니라 모든 동물의 세계에서는 이러한 서열 정하는 일이 그들의 삶에 있어서 매우 중요한 요소가 된다. 허구한 날 하마는 서로 입을 맞대고 찢어져라 입을 벌려 내 입이 더 큼을 입증하려고 한다. 그래도 개나 하마의 세계에서 이러한 서열 짓기는 합의에 의한 평화상태 유지라는 한 단계 진전된 모델로 볼 수 있다. 일단 한쪽이 열등함을 인정만 하면 열등한 개체도 같이 어울려서 단체를 이루며 살 수가 있다.

그러나 그 이전의 단계는 물개의 세계와 같이 잔인한 토너먼트전이 벌어진다. 거기에서의 서열 정하기는 목숨을 건 싸움으로만 이루어진다. 덩치와 깡과 카리스마를 갖춘 진정한 승자만이 모든 암컷들을 지배하고 종자를 다음 세대로 전달할 수 있는 권한을 가진다. 패배한 개체에게는 오직 죽음만이 기다리고 있을 뿐이다.

-인간으로의 서열 짓기 전승

동물이든 사람이든 서열 짓기의 첫 순간이 가장 중요하다. 실제 능력과는 큰 관계없이 이 첫 순간에 꼬리를 내리면 다시는 정해진

서열을 바꾸기가 힘들다. 중고등학교의 교실에서도 이런 일이 비일비재하다. 처음에 꼬리를 내린 대가로 계속 쥐어박히며 항의 한 번 제대로 못해보고 몇 년을 참고 지내야 하는 경우가 많다.

인간도 사색하고 평화를 추구하고 체면을 차리는 기능의 전두엽을 잠시 걷어내면 개나 하마나 물개나 다를 바 없다. 다시 말하면 서열을 정하고 싸워서 상대방을 밟아 없애버리려는 본능이 없어진 것이 아니라 전두엽 뒤에 교묘히 숨어있는 것이다. 그래서 사람도 처음 만나면 본능적으로 서열 정하기를 시작한다.

얼마나 싸움을 잘 하는가도 중요하겠지만 이것은 어릴 때의 경우로 한정이 되고, 좀 더 나이가 들면 여러 가지 요소로 서로를 대비하고 크기를 잰다. 누가 더 풍채가 좋고 잘생겼나, 여자의 경우 누가 더 미모가 뛰어난가부터 갖가지 요소들을 서로 겨루게 된다. 한마디로 권력, 명예, 부, 인기 등의 요소에서 누가 더 현대사회에서 경쟁력이 있는가를 보는 것이다.

기본적으로 상대방이 나보다 더 낮다는 것을 인정하려면 기분이 그렇게 썩 좋지는 않다. 그렇기 때문에 혹시 상대방이 없는 것을 부풀려 위장을 하고 있지 않은가 본능적으로 점검을 하게 된다. 그래서 잘난 척하는 사람을 만나게 되면 전신의 감각기관을 동원하여 그 허점의 틈새를 찾아내려고 노력하게 된다.

이러한 일련의 예를 인간의 자아의 측면에 적용해 볼 수 있다. 평온 무사한 상태에서 인간의 자아는 숨어서 나타나지 않는다. 그러나 처음 보는 사람을 만나게 되는 경우 자아는 긴장상태에 들어 간다. 상대방이 잘난 척하며 가진 것을 하나하나 꺼내 보일 때마다 이쪽도 상응해서 더 큰 것들을 하나하나 끄집어낸다. 앞에서 이야 기한 중고등학교 학생과 마찬가지로 여기서 밀리면 평생을 피곤 하게 under dog 노릇을 해야 할 테니 말이다.

만약에 처음 만난 상대방이 전혀 잘난 척을 하지 않고 나를 이 기려는 의도가 없어 보이면 그때는 이쪽도 신경을 써 가며 긴장을 계속해야 할 이유가 없어질 것이다. 그렇게 되면 이 세상의 모든 불필요한 경쟁과 분쟁이 사라지고 한층 더 평화로운 상태가 올 수 있다.

　－붓다의 요구: 아상(我相)[36]을 버려라

『금강경』에서 붓다는 아상을 없애라는 주문을 우리에게 한다. 개와 하마는 그들 내부의 규율로 서열 짓기를 함으로써 싸워서 피 를 보지 않고도 평화를 유지하는 방법을 찾아서 실천하고 있다. 싸 울 경우 질 것 같다고 생각하는 쪽이 먼저 진 것을 인정하고 복종 을 맹세함으로써 물개의 세계에서 만연했던 유혈사태를 피해가는 것이다.

---

36) 아상: 금강경에 나오는 아상, 인상, 중생상, 수자상의 4상 중 하나로, 자신을 높이보고 상 대방을 업신여기는 마음을 일컫는다. 불교에서는 아상이 남아있으면 해탈하는 것이 불가 하다고 한다. 나머지의 3상들도 모두 이 아상으로부터 비롯된 것이라고 볼 수 있다.

이제 붓다는 우리에게 개와 하마의 세계에서 한 단계 더 진화할 것을 요구한다. 그것은 인간이 개와 하마와 같이 서로의 크기를 재고 서열을 정하는 짓을 그만두어야 한다는 이야기이다. 그것은 오로지 우리 각자가 아상을 내려놓는 것을 통해서만 이루어질 수 있다. 가만히 생각해보면 서열 짓기는 동물의 세계에서 인간의 세계로 전승된 불필요한 유산이다.

주변을 살펴보면 나이가 들수록 자신만이 옳고 자신만이 존귀하다는 관념에 계속해서 빠져드는 사람들을 볼 수 있다. 자신만이 옳기 위해서는 앞에 앉아있는 상대방이 틀려야 하며, 자신만이 존귀하기 위해서는 상대방은 열등해야 한다. 사람을 만나는 이유와 사람과 대화하는 이유가 오직 이를 입증하기 위해서이다. 그렇다면 상대방은 그런 사람을 더 만나야 할 이유가 없다. 이렇듯 자기만 잘난 사람에게 찾아오는 것은 고립과 냉대뿐이다. 역으로 자신의 잘남을 버릴수록 오히려 존귀함과 사회의 대접이 찾아온다.

−스스로 해탈하는 동물

바닷가에서 해녀들이 갓 잡아올린 멍게를 먹어본 적이 있는가? 멍게가 도마 위에서 썰릴 때 왜 향내가 진동하는지? 왜 입속에서 씹힐 때 다른 어떠한 산해진미와도 비교할 수 없는 천상의 맛을 내는지 아는가?

멍게가 아주 어릴 때에는 올챙이 비슷하게 생겨서 헤엄쳐 다니는데, 이때에는 뇌로 간주할 수 있는 신경의 뭉치가 분명히 있다. 그 후 어느 시기부터 멍게는 한자리에 정착해서 살아가게 된다. 정착하는 순간부터 멍게에게 뇌가 그다지 필요 없게 되는데 그때 놀랍게도 자신의 뇌를 분해해서 소화해 버린다. 뇌가 없는 멍게는 더는 아프지도 괴롭지도 슬프지도 않다. 따라서 당신에게 먹힌다고 해서 원망하는 일도 없다. 그렇다고 해서 자부심을 느끼거나 스스로를 내세우지도 않는다. 불가에서 이야기하는 완벽한 해탈의 경지를 이룸이다.

멍게송

무주상 보시가 궁금한 사람아

멍게를 보아라

도마 위에서 향기를 뿜으며 썰리는

주황색의 몸 그 자체가 바로 무주상 보시일세

동방허공 가득 찬 보화를 넘어서는

가없는 복덕을 그가 이루었네

완전한 해탈을 목표로 수행하는 자여,

잠시 멈추고 멍게를 생각하라

비록 너무 하찮아서

제대로 된 한자 이름 하나 없는 미물이지만

그대가 그토록 어렵게 벽에 부딪힌
완전한 해탈-니르바나를
그는 살아서 이루었다

누군가 멍게송을 읊는 가운데 주변의 조명이 점차 밝아져 온다. 밝아지는 조명과 함께 드러나는 사람은 가사장삼을 걸친 대한민국의 법륜스님이었다.

붓다께서 알듯 말듯 미세하나마 잠시 미소를 지으셨다.

이로써 첫째 날의 뇌과학계 보고가 모두 끝났다. 이때 스티븐 호킹 박사의 전동휠체어 꼭대기에서 불이 깜박거렸다. 학생들로 치면 손을 드는 것이나 같은 의사표현이다. 붓다께서 그쪽으로 고개를 돌리자 스티븐 호킹의 스피커에서 소리가 울려 나왔다.

"각자시여, 저는 지난 세월 면밀히 살펴본 뒤에 이런 생각을 한 적이 있습니다. 마지막 순간 인간의 뇌가 깜박거림을 멈추면 그 후에는 아무것도 없다. 뇌가 기능을 다하면 작동을 멈춘 컴퓨터와 같다. 고장 난 컴퓨터를 위해 마련된 사후세계란 없다. 또한 저는 '신이 우주를 창조하지 않았다'고 이야기했다가 지금 여기저기로부터 많은 비난과 핍박을 받고 있습니다.

각자시여, 저의 이러한 생각에 대한 여래의 생각은 어떠하신지요?"

호킹 박사는 붓다께서 자신의 견해를 당연히 지지를 해줄 것으로 생각하고 답변을 기다렸으나 붓다께서는 호킹 박사의 말을 들으시고도 끝내 아무런 말씀이 없으셨다. 불교를 어느 정도 아는 사람이라면 예상할 수 있었던 붓다의 가르침의 한 방편인 무기(無記; Avyakata)[37]였다. 말로만 듣던 무기를 만남에 모두들 각자 여러 가지 생각들을 따로 할 수밖에 없었다. 일반적인 경우에 침묵은 강한 부정을 의미한다. 한참 동안 이 결집의 장소에 적막한 침묵이 이어졌다.

---

37) 무기: 붓다가 다른 종교가로부터 10가지의 질문을 받고 침묵으로 일관하며 대답을 하지 않았다는 데서 비롯되었다. 그 질문의 내용은 '세계는 유한한가 무한한가? 영혼과 육체는 같은가 다른가? 여래는 사후에 존재하는가 안 하는가?' 등이다. 무기의 이유는 형이상학적인 문제가 인간의 인식과 경험을 초월해 있기 때문에 해결할 수 없으며, 설사 어렵게 해결한다고 하여도 사람에게 도움이 되지 않는다는 데 있다.

3. 양자역학과 색즉시공(色卽是空)

위대한 각자시여, 지난밤 편히 쉬셨습니까? 오늘은 극미의 물질 세계를 다루는 양자역학에 대하여 보고드리겠습니다. 이 극미의 세계는 우리가 늘 보아온 일반 현상계의 물질세계와는 완전히 다른 법에 의해 지배되고 있는 듯하나이다. 그리하여 물질이 고유한 실체를 가지고 있을 것이라고 생각해 온 수천 년간 내려온 관념이 이제 뿌리째 흔들리고 있나이다. 어떻게 그것을 미리 아시고 색즉시공[38]이라고 하셨나이까? 이제 저희들은 경이에 찬 눈으로 응공(應共)[39]을 뵙습니다.

---

38) 색즉시공: 반야심경에 나오는 말로 세상에 존재하는 모든 형체는 공(空)이라는 말이다. 즉, 형체는 일시적인 모습일 뿐 실체는 없다는 것이다.

39) 응공: 부처님의 열 가지 호칭 중의 하나로, 마땅히 세상의 존경과 공양을 받아야 할 자라는 뜻이다.

조명이 점차 어두워지면서 전면 스크린에 먹음직한 오얏 푸딩이 뚜렷이 나타났다. 여기저기서 소리죽여 침 삼키는 소리가 들린다.

러더포드와 원자의 내부

"각자시여, 19세기 말경에 J. J 톰슨이라는 자가 있어 음전하를 가진 전자를 발견한 다음, 양전하가 음전하와 균형을 이루며 푸딩처럼 원자 안에 골고루 퍼져있다는 '원자의 오얏 푸딩 모형'을 제안하였나이다. 오얏들이 말캉말캉한 푸딩 속에 박혀있는 전자인 셈이며, 양전하는 푸딩 전체에 골고루 퍼져서 있어서 원자핵이라는 개념은 아직 나타나지 않고 있나이다. 전면 스크린의 오얏 푸딩의 모습이 바로 당시에 상상한 원자의 모습이나이다."

그러자 한국 사람이 한 명 손을 들고 질문을 한다. 법륜스님은 아니었다.

"오얏 푸딩이 뭡니까? 오얏은 내 평생 한 번도 본 적이 없어요……. 푸딩은 또 뭔지……."

"아, 앞의 그림을 보고도 모르세요? 낫 놓고 기역 자를 모른다 하더니……. 그럼 이렇게 합시다. 한국 분들을 비롯한 동양권에서 오신 분들은 오얏 푸딩 대신에 콩밥으로 합시다. 밥그

릇의 밥이 원자 내부에 골고루 퍼져있는 양전하입니다. 그리고 군데군데 박혀있는 검은콩들이 전자입니다. 아시겠어요?"

"이제 알겠습니다. 원자는 콩밥과 비슷하다……."

"자, 그럼 하던 설명을 계속하겠습니다. 톰슨 이후 러더포드라고 하는 자가 어디서 홀연히 나타나 양전하가 푸딩이나 밥처럼 원자 전체에 퍼져있지 않고 원자의 중심 부분에 몰려있다는 가설을 제시하였습니다. 소위 말하는 태양계 모형으로, 양전하를 가진 핵이 중심에 있고 음전하의 전자들은 행성과 같이 그 주변을 돌고 있다는 것이지요."

러더포드(Ernest Rutherford, 1871~1937)는 원자의 내부구조를 밝혀내어 1908년에 노벨상을 받은 핵물리학의 아버지로 불리는 사람이다. 인류는 19세기까지 원자를 더 이상 나눌 수 없는 물질의 궁극적인 한계로 알았으나 러더포드를 비롯한 여러 학자들의 눈부신 업적으로 20세기로 들어서면서 원자의 내부까지 들여다 볼 수 있는 핵물리학의 새로운 지평이 열리게 되었다.

핵물리학이라고 하니까 어렵고 골치 아픈 이야기가 펼쳐질 것으로 지레짐작하는 분들이 벌써 계실 것이나 전혀 어려운 이야기가 나올 이유가 없다. 우선 러더포드는 지금 젊은이들에게는 고조할아버지 정도 되는 옛날 분이고 노벨상을 받은 핵물리학자라고는 하나, 원자 내부에 대한 기본지식은 고등학교 물리과정을 공부한 여러분들의 수준에 훨씬 못 미치기 때문이다. 설사 이 책을 읽는 분이 중학생이나 초등학생이라 하더라도 이 책을 손에 잡은 정도의 사람이라면 어렵지 않을 것이다.

러더포드가 물리학과장으로 있었던 영국 맨체스터대학 물리학 실험실 장면을 들여다보기로 하자. 러더포드는 천연방사능 방출 물질인 라듐을 납으로 밀봉한 용기에 넣고 한쪽 방향으로만 총구 형태의 구멍을 내어 세계 최초의 원시적 형태의 입자가속기(?)를 고안해냈다. 이 원시 입자가속기의 총구에서는 알파, 베타, 감마의 3가지 방사능 물질이 모두 튀어나왔다. 러더포드는 그중 헬륨의 원자핵에 해당하는 알파입자(양자 두 개, 중성자 두 개가 뭉쳐진 전하 +2가 질량 4의 입자)의 경로를 추적하였다.

실험의 내용은 알파입자를 금을 아주 얇게 두드려 만든 금박(金箔)에다가 투과시켜 보는 것이다. 알파입자가 눈에 보이는 것은 아니므로 금박의 뒤편에 스크린을 펴 놓고 알파입자가 금박을 통과하여 뒤편 스크린에 도달하면 깜깜한 암실에서 빛이 나도록 장치해 놓았다. 지금 돈으로 치더라도 천만 원 이상은 들지 않는 아주 간단한 실험장치다. 어렸을 적, 추석이 되면 십 원짜리 불꽃놀이를 사다가 연탄재에 꽂아놓고 성냥불을 그어 소형 로켓을 하늘로 쏘아 올리곤 했는데 그것과 비교해도 큰 차이가 없다.

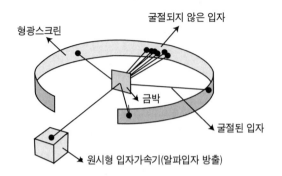

형광스크린
굴절되지 않은 입자
금박
굴절된 입자
원시형 입자가속기(알파입자 방출)

집요하고 괴팍한 러더포드 교수는 자신이 퇴근하고 난 다음에는 조교를 보고 암실을 지키라고 했다. 러더포드 자신은 퇴근해서 바에서 술도 한잔하면서 시간을 보내는 모양이었지만 조교는 그렇게 하지 못하게 했다. 깜깜한 암실에서 아주 잠깐 반짝하고 사라지는 점들을 잠도 자지 못하고 하나하나 모두 찍어가며 기록을 해놓아야만 했는데, 별 의미도 없어 보이는 그런 작업을 계속해야 하는 조교는 죽어날 지경이었다.

스크린을 관찰하던 러더포드는 자신의 눈을 의심할 수밖에 없는 결과를 관찰하게 된다. 마치 금박이 존재하지 않는 허공인 양 모든 알파입자가 일직선 연장상의 한 점에만 계속해서 모이는 것이었다. 금박은 정녕 텅 비어있다는 말인가? 아무리 얇게 밀었다 하더라도 수십만의 원자 층이 있을 금박을 마치 아무것도 없는 양 아무런 저지 없이 통과한다는 것은 도대체 무엇을 의미하는가?

하루는 러더포드 교수가 퇴근하면서 조교에게 이상한 지시를 한다. 무슨 직관을 느낀 것 같았다. 결과론이지만 이 이상한 지시 때문에 결국은 노벨상을 받게 된다.

"한스 군, 스크린을 온 방에다가 다 설치해서 한번 관찰해보세. 천장과 바닥은 물론이고 지금 스크린이 위치해 있는 반대쪽……, 그러니까 우리의 세계적인 발명품인 저 입자가속기 뒤편까지도 말일세."

의미 없어 보이는 단조로운 작업에 볼이 잔뜩 부어있던 조교가 속으로 투덜거리며 불평을 한다.

'이 인간이 미친 것 아니야? 자기나 하지 왜 나보고만 맨날 하래……'

이때 투덜거리던 사람이 바로 가이거 계수기로 유명한 한스 가이거(1882~1945)이다. 깜깜한 암실에서 잠깐 동안 반짝하고 지나가는 것을 몇 달이고 추적하는 단조로운 작업에 한이 맺혔던 모양으로, 후일 자신이 러더포드와 같은 학과장의 위치에 오르게 되자 자신의 조교 뮐러와 함께 소리로도 추적할 수 있는 가이거 계수기를 발명해낸 것이다. 이온화된 방사능 입자를 '따닥' 하는 소리로 추적하는 가이거 계수기는 원자폭탄 등 핵 개발과 때를 맞추어 세계적인 발명품이 되었다. SF영화에도 단골로 등장하는 그 장치는 가이거-뮐러 계수기라고도 한다. 가이거는 계수 즉, 수를 세는 것 하나로 세계적인 달인의 경지에 오른 것이다.

스크린을 온 방으로 확대 설치한 후 러더포드와 가이거가 수십 일 밤낮을 관찰한 결과, 대략 1만 개의 알파입자 중 1개가 반대편 스크린에서 나타났다. 알파입자가 금의 원자핵에 정면으로 부딪쳐 튕겨나간 것이다. 금의 원자 내부는 대부분이 텅텅 비어있고 중앙에 지극히 작은 핵이 존재한다는 원자의 윤곽이 어렴풋이 드러나고 있는 것이다.

수십만의 금 원자 층을 만 개의 알파입자가 무사통과했다면 도대체 원자 내부가 어느 정도 텅텅 비어있다는 말인가? 후일 과학자들이 정밀하게 계산해 본 결과, 원자의 크기가 10^{-10}m인 가운데 원자핵의 크기는 지름이 10^{-15}m 정도로 밝혀졌다. 부피로 치면 원자핵은 원자 크기의 10^{-15}정도가 된다(길이로 10^{-5}이니 부피로는 10^{-15}이다). 이것이 어느 정도를 의미하는 숫자인지 아직도 잘 실감이 가지 않는다. 10^{-15}은 천조 분의 일이다. 천조 분의 일만 한 물질(핵)이 있고 나머지는 텅 빈 공간이라는 말이다. 이것을 알기 쉽게 비유하자면 원자를 태평양이라고 할 때 원자핵은 태평양 한가운데 수박 한 덩어리 정도밖에 되지 않는다.

러더포드가 밝힌 원자 내부의 허공을 일정한 속력을 가진 소립자들은 자유로 드나들 수 있으나 물질 대 물질의 차원에서는 통과가 허용되지 않는다. 금박과 금박, 손가락과 탁자, 사람과 시멘트 벽은 서로 교차하는 것이 불가하다. 핵의 주변을 도는 전자는 질량은 거의 무시할 정도이나 핵과 동일한 전하가를 가지고 전자운을 형성하여 다른 일반적인 물질은 배척한다.

핵을 제외한 원자의 공간은 허공이다. 그렇다면 도대체 99.9999999999999%가 허공뿐인 이 원자를 '있는 것'으로 간주할 수 있을까? 우리가 보고 만지며 물체가 있다고 느끼는 느낌은 또 무엇인가? 혹시 환영이고 환각인 것은 아닐까?

여기 주둥이가 좁은 항아리가 하나 있다. 이 항아리 속이 비어있는지 차있는지 알기 위해서는 우선 들여다보는 방법이 있지만 깜깜해서 아무것도 보이지가 않는다. 들여다보는 방법이 불가능하다면 그 다음에는 항아리 주둥이에 막대기를 집어넣어서 휘저어보는 방법이 있다. 그런데 휘저을 막대기의 굵기가 항아리보다 굵다면 이 방법도 불가능하다. 항아리보다 더 굵은 막대기가 바로 우리 안이비설신 감각기관의 한계인 것이다.

항아리 속을 관찰하여 비어있거나 차있는지 판단하려면 항아리 입구로 집어넣을 수 있는 적당하게 가느다란 막대기가 반드시 필요한데, 러더포드의 알파입자가 원자라는 항아리 속을 들여다보는 막대기에 해당한다. 우리의 감각기관이 바로 이 항아리보다 더 굵은 막대기이고, 항아리 속이 원자의 내부라고 하면 우리의 감각기관으로 물질의 실체를 보는 것은 불가능하다. 우주의 모든 물질이 진정 갠지스 강의 전체 모래알 중의 한 알 부분만 제외하고는 텅 비어있지만, 그 텅 빔을 우리의 감각기관은 인식할 수 없는 것이다. 우리가 알고 있는 물질 중 가장 무겁고 가장 치밀한 조직인금(金)이 이러하니, 다른 것은 말할 필요도 없다.

양자역학

양자이론의 가장 위대한 대가인 리차드 파인만(1918~1988)은 이렇게 말한다.

"솔직히 말해서 아무도 양자역학을 이해하지 못한다. 그러나 명백한 것은 아원자입자들을 결정론적, 독립적인 실체라고는 말할 수 없다는 것이다. 물질의 기본 구성요소는 입자이거나 파동이거나 둘 다이다. 우리가 전자를 인식할 때 그것을 입자로 하느냐 파동으로 하느냐는 관찰자의 행위 및 측정장치의 선택에 달려있다. 이러한 모순은 논리에서의 중요한 원리들이 아원자세계에는 통하지 않는다는 것이다."

2중 슬릿 실험에서 질량을 가진 물질인 전자는 빛과 마찬가지로 두 개의 기다란 틈새(슬릿)를 동시에 통과한다. 이렇듯 양자역학을 관통하는 하나의 큰 원칙은 바로 불확정성의 원리이다.

간단한 실험을 통해 우리도 실제로 경험해 보자. 유리를 촛불에 그을려 시커멓게 만들어서 빛이 통과하지 못하도록 한 다음 면도

날로 2중 슬릿을 긋는다. 11자 모양이 되도록 하면 된다. 그것마저도 번거롭다고 생각되는 사람은 그냥 A4용지에 커터칼로 틈새를 만들면 된다. 틈새는 가능한 한 좁게 하고 2중 슬릿의 간격도 5mm 정도로 좁으면 좋다. 그리고 손전등과 스크린을 대용할 흰 종이나 천만 있으면 실험 준비는 끝이다.

손전등에서 나온 빛이 이중 슬릿이 있는 유리판을 통과하여 스크린 면에 도달하도록 한다. 스크린을 앞뒤로 조절하다 보면 한순간 스크린에 도착한 빛이 얼룩말 무늬 모양처럼 간섭무늬를 이루는 것을 볼 수 있다. 이 간섭무늬는 빛이 파동이라는 것을 말해준다. 무늬의 밝은 부분은 슬릿을 통해 나온 두 개의 빛이 보강간섭을 일으킨 것이고, 어두운 부분은 두 개의 빛이 상쇄간섭을 일으킨 것이다. 보강간섭이 일어난 곳은 두 빛이 같은 위상으로 만나야 하므로 경로 차는 반파장의 짝수 배를 이루며 상쇄간섭의 경우는 반파장의 홀수 배가 된다.

이 실험을 통해 우리는 빛이 파동이라는 것을 증명할 수가 있다. 그 점과 아울러 유념해 두어야 할 사항은 간섭무늬의 원인이 이중 슬릿에 있으며, 빛이 2개의 슬릿을 동시에 통과했다는 사실이다.

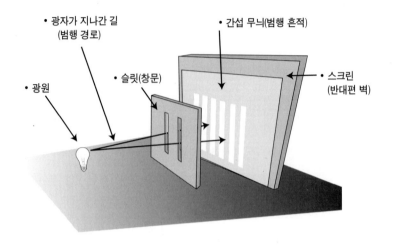

• 광자가 지나간 길
(범행 경로)

• 간섭 무늬(범행 흔적)

• 광원

• 슬릿(창문)

• 스크린
(반대편 벽)

전자의 2중 슬릿 통과 실험

빛의 2중 슬릿 통과 실험과 기본적으로 동일한데 다만 빛 대신 전자알갱이를 통과시키는 것이다. 전자 발사 총이 있어야 하므로 이 실험은 아쉽게도 집에서 해 보기가 좀 어렵다. 전자는 질량을 가진 물체이므로 유리로 막아서는 곤란하다. 2중 슬릿을 유리판 대신 실제로 물체가 지나갈 수 있도록 2중의 틈새를 만들어 주어야 한다. 스크린도 백지 대신에 감광지 같은 것으로 해놓으면 실험이 진행되는 동안 다른 볼일을 보고 올 수도 있고 나중에 증거자료로도 확실히 남는다.

이 실험이 최초로 행해진 1927년에는 누구나 전자를 입자로 인식하고 있었기 때문에 이 실험결과, 스크린에 도달한 전자도 빛과 똑같은 파동의 간섭무늬가 나타났을 때 일대의 혼란이 일어났다. 슬릿이 하나일 때는 나타나지 않던 간섭무늬가 이중슬릿에서 나타났다는 것은 질량을 가진 물질인 전자가 파동성 여부를 떠나서 빛과 똑같이 2개의 슬릿을 동시에 통과했다는 것밖에는 설명할 길이 없다. 이 결과는 뉴턴역학과 전자기학으로는 설명이 불가능한 부분으로, 후일 닐스 보어의 양자역학의 탄생으로 이어진다.

다시 파인만으로 돌아가서 이중 슬릿 통과 실험에서 보인 전자의 그러한 행동으로 미루어볼 때 이들 입자들을 결정론적인, 독립적인 실체라고는 말할 수 없다는 것은 다시금 확실해진다.

분수로 존재하는 쿼크(quark) 입자

원자(原子)는 전자(電子)와 핵으로 이루어져 있고 핵은 다시 양성자와 중성자로 이루어진다. 우리는 학창시절에 이렇게 배웠다.

전자를 원자에 잡아두는 힘은 전자기력이다. 양성자와 중성자를 결속시켜 원자핵을 형성하고 있는 힘을 핵력(核力) 또는 강력(强力)이라고 하며, 이 힘은 중간자(meson)에 의해 매개되고 있다. 학교를 졸업하고 생업에 열중하고 있는 우리들 귀에 쿼크라는 생소한 단어가 이따금씩 들려온다. 살기 바쁜 사람들은 그것을 알 필요도 없다. 그러나 기왕지사 양자역학이라는 거창한 제목을 앞에 달아놓았으니 체면상 아주 조금이나마 언급하지 않을 수 없다. 쿼크란 것도 알고 보면 그렇게 어려운 것도 아니고 그렇게 생뚱맞은 것도 아니다.

이전까지는 전자, 양성자, 중성자가 마지막 분리인줄 알았으나 양성자와 중성자는 각각 3개의 쿼크로 한 번 더 분리된다. 쿼크는 3쌍 6개가 있는데 모두 다 발견되어 그 존재가 입증되었다. up쿼크/down쿼크, charm쿼크/strange쿼크, top쿼크/bottom쿼크들이다. 쿼크와 좀 더 친숙해지기 위해 이를 번역해보면, 위로 쿼크/아래로 쿼크, 매력 있는 쿼크/야릇한 쿼크, 꼭대기 쿼크/바닥 쿼크가 된다.

이렇게 양성자와 중성자가 각각 3개의 쿼크들로 구성되어 있다. 이 쿼크들은 분수로 된 전하를 가지고 있는 것이 가장 큰 특징이다. 전자나 양자가 −1이나 +1 등 정수로 된 전하를 가진 반면 쿼크들은 $-\frac{1}{3}$, $+\frac{2}{3}$ 등 분수로 된 전하를 가지고 있다. 전자의 전하를 −1로 기준할 때 up쿼크는 $+\frac{2}{3}$, down쿼크는 $-\frac{1}{3}$ 의 전하를 가진다.

양성자는 up쿼크 2개와 down쿼크 1개로 구성되어 전하의 합은 +1이 된다.

양성자=up+up+down=$\frac{2}{3}+\frac{2}{3}-\frac{1}{3}$=+1

중성자는 up쿼크 1개와 down쿼크 2개로 이루어져 전하의 합은 0이 된다.

중성자=up+down+down=$\frac{2}{3}-\frac{1}{3}-\frac{1}{3}$=0

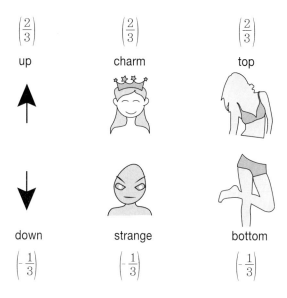

　분수전하를 가진다는 것 외에도 쿼크가 다른 입자들에 비해 특이한 것은 색(色)을 가진다는 것이다. 양성자와 중성자는 무색인 반면 쿼크는 빨강, 파랑, 녹색의 3가지 색을 가진다. 양성자를 이루는 3개의 쿼크 up, up, down은 각각 빨강, 파랑, 녹색을 가지고 있다. 빛의 3원색이 합쳐 백색이 되는 것과 같다고 보면 된다.

　아인슈타인이 상대성원리 발표 이후 나머지 생을 바친 강력과 약력의 배경에 쿼크의 색이 관련하고 있다고 하며 현재 연구가 진행되고 있다. 여러모로 신기한 쿼크는 질량 또한 다양하다. 가장 가벼운 up쿼크는 전자의 10배에 불과하고 가장 무거운 top쿼크는

금 원자 하나의 질량과 비슷할 정도로 크다. 무거운 입자일수록 수명이 짧은데 up과 down쿼크를 제외하면 나머지는 모두 그 수명이 10억 분의 1초 이내이다.

경입자 랩톤, 전자의 형제들

양성자, 중성자가 강력으로 모여서 원자핵을 이룬다. 그렇다면 전자들도 뭉쳐질 수 있을까? 그러나 전자와 그 형제들은 강력의 영향을 받지 않기 때문에 그러한 일은 일어날 수가 없다. 이렇게 강력의 영향 밖에 있는 입자들을 경입자라고 한다.

경입자도 쿼크와 마찬가지로 3쌍 6개가 발견되었다. 전자형 중성미자와 전자, 뮤온형 중성미자와 뮤온, 타우론형 중성미자와 타우론의 6개가 그것이다. 처음 발견된 중성미자는 약력과 반응할 때 전자와 관련되기 때문에 전자형 중성미자라고 한다. 뮤온형 중성미자는 뮤온과 짝을 이루고, 타우론형 중성미자는 타우론과 짝을 이룬다. 전자와 뮤온과 타우론은 질량만 다를 뿐 그 외의 모든 물리적 성질은 똑같은 형제들이다.

3개의 중성미자는 W, 3개의 전자 형제들 즉, 전자, 뮤온, 타우론은 Z라고 하는 입자들이 각각 약력을 매개한다. 우리가 알고 있는 우주에 존재하는 4가지 힘은 중력, 전자기력, 강력 그리고 약력이다. 현대물리학에서는 이 4가지 힘에 각각 매개하는 입자가 있다고 본다. 중력에는 중력자, 전자기력에는 광자, 강력에는 gluon,

약력의 W 및 Z가 그것이다.

			Force Carriers
u up	c charm	t top	g gluon
d down	s strange	b bottom	γ photon
νe e neutrino	$\nu \mu$ μ neutrino	$\nu \tau$ τ neutrino	W w boson
e electron	μ muon	τ tau	Z Z boson

(좌측: Quarks / Leptons, 우측: Force Carriers)

신의 입자 힉스, 드디어 입증

2013년 노벨 물리학상의 영광은 신의 입자로 불리는 힉스입자를 예언한 피터 힉스(1929~)와 프랑수아 앙글레르(1926~)에게 돌아갔다. 사실 힉스입자에 대한 피터 힉스의 발표는 1964년에 있었으나 그 존재를 입증하는 데 자그마치 50년 가까운 세월이 흘러간 것이다.

힉스입자가 '신의 입자'(God Particle)라고 불리게 된 연유는 좀 특이하다. 예언으로부터 입증에 이르기까지 긴 세월 동안 도무지 정체가 밝혀지지 않는 종잡을 수 없는 존재라는 의미에서 '빌어먹을 입자(Goddamn Particle)'라는 제목으로 책자를 발간하려고 하였으나 출판사의 사장이 차마 그렇게 쓸 수 없어서 'damn'을 빼자고 제안하여 '신의 입자(God Particle)'로 둔갑한 것이다. 그 출판사 사장이 아니었다면 물리학계에서 육두문자가 난무할 뻔했으니 큰 다행이 아닐 수 없다.

현대물리학의 기본이 되는 표준모형에 의하면 지금으로부터 약 140억 년 전에 있었던 우주의 빅뱅과 함께 여러 가지 입자가 한꺼번에 생겨났다. 이 기본입자들이 현재 우리 주변과 우주의 만물을 구성하고 있는 모든 물질의 기본단위가 된다. 이들을 더 이상 쪼갤 수 없을 때까지 쪼개고 나면 쿼크 6개와 랩톤 6개를 합한 12개의 기본입자와 이들 사이에 상호작용을 맡은 4개의 매개입자가 남는다. 이 16개의 입자는 지금까지 실험실 또는 우주공간에서 모두 다 발견되었다. 하지만 이들 입자에 질량을 부여하고 사라진 힉스입자는 최근까지도 발견되지 않고 있었다. 빅뱅 당시 잠시 나타났다가 사라진 힉스입자 덕분에 우주에 힉스장이 생겨났고 16개의 입자는 힉스장 내에서 질량을 부여받았다.

2008년, 유럽입자물리학연구소(CERN)는 거액을 투자하여 스위스 제네바의 지하에 27km에 달하는 대형 강입자충돌가속기(LHC, Large Hadron Collider)를 설치하고 힉스입자의 추적에 나섰다. 빅뱅 당시의 상황을 재현해 내기 위하여 광속에 이르는 입자의 가속이 필요하여 입자가속기의 규모가 그렇게 커진 것이다.

그동안 '존재할 것으로 의심이 된다'는 수준에서 연구를 진행해 왔으나 2012년 8월 드디어 힉스입자의 촬영에 성공한다. 유럽입자물리학연구소(CERN)의 이번 힉스입자 찾기 계획에는 80개국의 8,000명에 달하는 과학자들이 참여하였다. 여기에 우리나라의 뛰어난 과학자들도 참여하여 중추적인 역할을 담당하였다. 초대형 입자가속기가 방출해내는 정보의 양은 매년 25페타바이트(1 페타바이트는 천 테라바이트 또는 백만 기가바이트)에 달하여 대용량의 슈퍼컴퓨터가 아니면 처리가 불가능하다.

미국이 막강하기는 하나 그래도 하나의 국가에 불과하다. 자본의 투입대비 산출을 따지는 정치인들의 등쌀에 초대형입자가속기의 주도권은 유럽국가연합으로 넘어갈 수밖에 없었다. 힉스입자의 입증은 50년의 긴 세월을 이어온 지치지 않는 탐구열과, 유럽국가연합의 예산 지원, 8,000명 세계과학자들의 뇌의 병렬연결과, 고성능 슈퍼컴퓨터가 연대하여 이루어낸 인류사의 쾌거이다.

색즉시공(色卽是空)

불교가 아무리 사람의 마음을 주요 탐구대상으로 한다고 하지만 '색즉시공(色卽是空)'이라는 불교의 핵심 주제를 보더라도 불교의 사물에 대한 무한한 관심을 알 수가 있다.

색즉시공은 사물(또는 물질)에 대한 관심을, 수상행식 역부여시(受想行識 亦復如是)는 마음에 대한 관심을 이야기한다고 하면, 물질과 마음이 우선순위를 따질 수 없을 정도로 양자 모두가 중요한 대상이다. 물질을 완전히 떠난 마음이 있을 수 없다. 역으로 마음을 완전히 떠난 물질도 있을 수 없다.

우리는 앞에서 과학자들의 집요한 물질탐구과정을 살펴보았다. 16개의 더 이상 분해가 불가능한 기본 소립자에다가 그것을 태어나게 한 힉스입자까지 추적을 완성해 놓았으니 궁극의 수준까지 탐구가 일단락된 셈이다. 이에 반해 색즉시공은 불교가 물질을 보는 궁극의 방법이다. 색즉시공을 이해하면 불교최고의 지혜경전인 『반야심경』을 이해하게 된다고 해도 과언이 아니다. 따라서 이 색즉시공이야말로 불교를 관통하는 핵심적인 주제이다. 서양철학의 로고스에 해당될지도 모르겠다.

색즉시공을 알아보기 위해서 그것을 설명한 범어(梵語) 원문을 찾아보자.

"이 세상의 모든 물질적 현상에는 그 실체가 없다. 실체가 없기 때문에 바로 물질적 현상이 있게 되는 것이다. 실체가 없다고 해서 그것이 물질적 현상을 떠나있지는 않다. 또, 물질적 현상은 실체가 없는 것으로부터 떠나서 물질적 현상인 것이 아니다. 그리하여 물질적 현상이란 실체가 없는 것이다. 대개 실체가 없다는 것이 물질적 현상인 것이다."

색즉시공에 대한 해석은 매우 많겠지만 역사적으로 가장 명쾌한 해석으로 평가되고 있는 신라고승 원측(圓測)[40]의 『반야바라밀다심경찬(般若波羅蜜多心經贊)』[41]의 주석을 살펴보자.

"변계소집(遍計所執: 계산하는 마음과 계산해서 집착하는 사물. 쉽게 이야기하면 주관의 색안경을 쓰고 대상을 잘못 분별하는 것)에 의하여 일어난 색은 원래 없는 것을 망념으로 그려낸 것이기 때문에 공하다는 것이다."

"의타기성(依他起性: 온갖 분별을 잇달아 일으키는 인식작용. 즉, 자기의 원인만으로는 나기가 어렵고 반드시 다른 연에 기대어서 일어나는 물심의 모든 현상)에 생겨난 색은 인연에 따라 존재하고 멸하는 가유(假有)의 색이기 때문에 공할 수밖에 없다."

"원성실성(圓成實性: 분별과 망상이 소멸된 상태에서 드러나는 있는 그대로의 청정한 모습)의 입장에서는 색이란 일어남도 일어나지 않음도 없는 공의 본질이기 때문에 역시 공하다."

다소 생소하게 느껴지는 변계소집, 의타기성, 원성실성 등의 용어는 유식학의 삼성(三性)설로, 우주법계의 모든 법의 양상을 간략

---

40) 원측: 주로 중국에서 활동한 신라출신의 승려로, 그의 불교사상은 유식학(唯識學)이 중심이다.
41) 반야바라밀다심경찬: 원측이 지은 반야심경에 대한 주석서이다.

하게 세 가지로 압축한 것이다.

물리학에서 말하는 원자 내부의 공간과 소립자가 나타내 보이는 실체와 본질이 없는 행동들을 불교의 이론과 대비해 보면 놀랄만한 본질적 유사성을 발견할 수 있다. 그렇다 하더라도 양자역학은 양자역학이고 불교는 불교이다. 더 이상 대조를 해가며 유사성을 찾아낸다고 해서 큰 의미는 없다. 불교에서 말하는 공은 실제로 '무엇이 없다'는 이야기가 아니고 물질의 고유한 본질이 없다는 이야기이다. 물리학자와 승려 간의 다음 대화를 통해 우리의 사고의 영역을 넓히고 이해를 돕도록 해 보자.

마티유: 붓다께서는 우리가 현실을 지각하는 방식과 그것의 진정한 본성 사이의 차이점을 지적하셨고 잘못된 지각으로 인하여 해로운 결과가 올 수 있음을 말씀하신다. 불교는 실체의 진정한 상태를 공 혹은 고유한 실체의 부재라고 부른다. 가장 커다란 오류들 중의 하나는 우리가 지각하는 것에 대한 확고부동한 실재성이 있다고 믿는 것이다. 확고부동한 실재성이 있다는 관념은 서구의 철학적 종교적 과학적 사유를 지배해 왔다.

투안: 그렇다. 19세기까지 고전과학은 사물이 고유한 실체를 가지고 있으며 엄격한 인과법칙에 의해 지배된다고

주장해왔다. 그러나 20세기 초에 발전한 양자물리학은 물질의 기본적 구성요소가 명확하고 고유한 실체를 가지고 있다는 관념을 심각하게 뒤흔들어 놓았으며 이 세계가 엄격한 인과법칙에 의해 지배된다는 사실에 의혹을 제기했다. 공의 불교적 개념은 양자역학이 보여주는 실재에 대한 개념과 일치하는 것처럼 보인다. 공이 의미하는 것이 무엇인지 좀 더 자세히 설명해 주면 좋겠다.

마티유: 불교에서 공이 사물의 궁극적 본질이라고 하는 것은 우리가 주변에서 보는 사물 즉, 세계의 현상들에 독자적이고 영속적인 실체가 없다는 것을 의미한다. 그러나 불교를 해설한 최초의 서구인들이 생각했던 것처럼 공은 결코 현상들의 부재 혹은 비존재가 아니다. 불교는 어떠한 형태의 허무주의도 신봉하지 않는다. '지혜의 완성론'인 『반야심경』에서는 이렇게 말한다.

'공에 대해 집착하는 사람들은 고칠 수가 없다. 왜 고칠 수가 없는가? 공에 대한 명상은 사물의 본질에 대한 잘못된 관념과 확고부동한 실재에 대한 잘못된 관념과 집착에서 벗어나게 해주는 치유책이기는 하지만, 이 치유책 자체가 믿음이 된다면 허무주의에

159

빠지기 때문이다.'

지혜의 완성론은 '그러므로 현명한 사람은 존재에
도 비존재에도 머무르지 않는다' 는 결론을 내린다.
불교에 따르면 사물의 본질적인 비실재성을 이해하
는 것은 구도의 필수적 부분이다. 그리고 현대과학
은 이를 해명하는 데 도움을 주고 있다.

―마티유 리카르, 『손바닥 안의 우주』

이것으로 둘째 날의 양자역학과 아원자 세계에 대한 브리핑이
끝나고 벽안의 승려가 불교이론과 공에 대한 설명을 추가함으로
써 그날의 보고가 모두 끝났다.

조명이 다시 밝아지자 붓다께서 법륜스님을 앞으로 불러놓고 당
부의 말씀을 하신다.

"수행을 하는 비구들은 경전에 적혀있는 이야기라고 해서 또는
내가 한 이야기라고 해서 무조건 믿고 집착하지는 않도록 하여라.
저 소립자를 추적하는 과학자들의 정신을 본받아라. 혹시라도 앞
으로 내가 한 말에 잘못된 것이 나타난다면 나 스스로도 이를 고치
는 데 조금도 주저하지 않을 것이니라."

불교계 인사들이 모여있는 쪽에서 탄식의 소리와 함께 웅성웅성
하는 소리가 있었다. 그들에게는 붓다의 그 말씀이 큰 충격으로 다
가온 모양이었다. 혹시라도 내가 한 말에 잘못된 것이 나타난다

니……. 완벽하고 오류가 없으신 분으로 믿고 잘 따르고 있는데 이 무슨 엉뚱하고도 불필요한 말씀을 하시는가 하는 생각들을 하는 것 같았다. 하필이면 불교를 알려고 모인 과학자들 앞에서 말이다.

이때 스티븐 호킹 박사의 전동휠체어가 머뭇머뭇하며 사람들 앞으로 나왔다. 무슨 할 말이 있는 모양이었다. 이윽고 호킹 박사의 스피커에서 다소 높아진 톤으로 단도직입적인 질문들이 쏟아져 나왔다.

"각자시여, 어찌하여 공(空)한 색(色)이나마 있는 것입니까?

어찌하여 없는 나(無我; Anatman)나마 있는 것입니까?

어찌하여 우주의 법들은 다른 법이 아니고 꼭 그 법입니까?"

이번에는 과학자들 쪽에서 탄식소리가 터져나왔다. 설마…… 호킹 박사가 어디 가서 위스키를 한 모금 마시고 온 듯, 상황이 좀 위태해 보였다.

붓다께서 호킹 박사를 바라보고 미소를 지으셨다. 그리고 천천히 고개를 끄떡이셨다.

그대 멀리보기 위해 나무에 오른 이여

이제 그만 내려가시게

그대 무엇을 찾기 위해

나무에 올랐으나

아무것도 찾지 못하고

울고 있는 아이처럼
그대는 너무 높이 올라갔다
이제 그만 내려가시게
법은 어디에나 같으니
내려갈 때 떨어지지 않도록
조심 또 조심하시게

 오늘은 말미에 예상치 못했던 일로 다소간 어수선한 가운데 모
든 일정이 마무리되었다.

4. 생물학과 제행무상(諸行無常)

　　각자시여, 여기 모인 우리 모두 홍안의 미소년이었던 시절이 어저께 같은데, 돌아서고 보니 어느덧 백발이 성성해지고 이제는 여기저기 아프지 않은 곳이 없습니다. 지금까지 살아온 과정이 일장춘몽과도 같이 느껴집니다. 그토록 어렵게 사람의 몸을 받아 세상에 나왔으나 피 끓던 청춘도 정말이지 한순간에 지나가고 모두들 이렇게 초로의 늙은이들이 되고 말았나이다. 각자시여, 인생이란 이토록 무상한 것인지요?

사람 되기가 얼마나 어려울까

　　"각자시여, 한 명의 여성은 환경이 허락하면 일생 동안 500

163

개 가까이 난자를 생산할 수 있다고 하나이다. 한편 남성의 경우에는 환경이 허락하면 한 명이 일생 동안 1조 5천억 내외까지 정자를 생산할 수 있나이다. 그 가운데 한 개의 난자와 한 개의 정자가 만나면 한 명의 사람이 태어나게 되옵니다. 만약에 조금 바뀌더라도, 다시 말씀드리면 바로 그 난자나 바로 그 정자가 아니어도 특정한 사람, 예를 들면 '내'가 생겨날 수가 있나이까?"

2개의 난자가 동시에 배란이 되어서 발생하는 이란성 쌍생아의 경우에는 성별이 다를 수도 있고 완전히 다른 개체가 태어난다. 한 개의 수정란이 분열하는 과정에서 두 개로 나뉘어져 생겨나는 일란성 쌍생아의 경우에는 성별이 당연히 같고 외모가 매우 흡사하게 된다. 이 경우에는 두 사람의 DNA가 100% 일치하는데, 그렇다고 해서 이 두 사람을 같은 사람으로 볼 수는 없으며 엄연히 다른 사람인 것이 확실하다.

단지 정자의 개체 수가 수억, 수십억으로 많다고 해서 이것과 저것의 구분이 없을 것이라고 생각한다면 큰 오산이다. 당연히 특정한 정자나 특정한 난자만이 특정한 인간을 약속할 수 있는 것이다.

아버지와 어머니가 서로 만나 결혼한 것을 기정사실로 하더라도 특정한 정자와 특정한 난자가 만나서 내가 생겨날 확률은 600조 분의 1이 된다(500개의 난자×1.5조의 정자=600조). 같은 부모에게서도 내가 아닌 다른 형제자매가 생겨날 경우의 수는 600조 마이너스 1인 반면, 내가 생겨날 경우의 수는 1에 불과하다. 이것은 로또 복권에 7천5백만 번 당첨되는 확률과 같다. 40세 된 사람이 40년간 더 산다고 가정할 경우 하루에 로또복권 5,000여 매가 1등 당첨되는 경우와 같은 확률이다. 눈 뜨고 있는 매 시간마다 300매 또는 매 분마다 5매씩 20억짜리 복권이 당첨되는 것과 같다.

이러한 엄청난 확률을 뚫고 우리는 인간으로 태어났다. 우리가 인생에서 무엇인가 목표한 바를 노력으로 성취해 나가야 되겠지만, 그 이전에 이미 성취해놓은 놀라운 기적에 대해서 생각해 보고 감사할 필요가 있다. 콧구멍으로 바람이 잘 들어온다면, 심장이 벅차게 뛰고 있다면 우선 이 희귀하고 또 희귀한 생명을 기뻐해야 할 것이다. 더욱이 두 눈으로 밤하늘에 가득한 별들을 볼 수 있다면 더 큰 횡재이다. 생의 기본이 이렇듯 귀한 행운이자 기쁨인데 탐진치 삼독이 그 기쁨을 가리고 있다.

여기에다가 아버지와 어머니가 만나는 과정에 대한 이야기를 들어보라. 누구든 구구절절한 사정이 있을 것이다. 한 쌍의 남녀가 만나서 결혼에 이르는 과정 자체도 모두가 희귀하다. 더욱이 아버지도 어머니도 나와 똑같은 어려운 과정을 거쳐 사람의 몸을 받게 됐다고 생각하면 대를 이어 승수에 승수를 거듭한 확률의 틈은 수학과 과학의 영역을 넘어서는 것으로 숙연한 마음마저 생긴다.

물론 힌두교나 자이나교의 영혼설에 근거한다면 앞에서 계산해

본 확률은 의미가 없어진다. 영혼설에 의하면 먼저 죽었던 사람의 영혼이 공중에 떠 있다가 부부관계를 끝내고 잠들어있는 여인의 뱃속으로 재빨리 들어간다.

요즘은 세계적으로 산아제한을 많이 하므로 잘못 들어갔다가는 헛물을 켜고 다시 나와야 한다. 또한 아이 낳기를 계속 줄여가고 있어서 영혼들끼리의 자궁진입 경쟁도 나날이 치열해지고 있는 추세일 것이다. 50년 전에만 해도 부부가 평균 5~6명의 자식을 가지니까 얼마든지 기회가 있었는데 갈수록 환경이 각박해지고 있다. 선진국에 태어나서 잘 먹고 편하고 수준 높은 인간이 되고자 하는 것이 모든 영혼들의 소망이나, 선진국일수록 2세를 가지지 않고 후진국은 인간될 확률은 높으나 대신 평생 굶주릴 각오를 해야 한다. 한 번 고생해본 후진국 영혼들이 모두 선진국으로 몰려가니 그 경쟁률은 가히 상상을 초월할 것이다. 한 개의 자궁이 두 개의 영혼을 받는 쌍생아의 경우에는 두 개의 영혼이 합의하여 태그매치 조로 뛰어들 준비를 해야 한다.

그러나 붓다께서는 이런 영혼설을 부정하고 계시므로, 이 이야기는 그만두기로 하자. 우리는 이 대목에서 『아함경』의 맹구우목(盲龜遇木) 부분을 떠올려보는 것도 좋을 것이다.

붓다께서 어느 날 연못가를 산책하시다가 문득 아난다에게 이런 질문을 하신다.

"아난다야, 큰 바다에 눈먼 거북이 한 마리가 살고 있었다. 이 거북이는 백 년에 한 번씩 물위로 머리를 내놓는데 그때 바다 한가운데 떠다니는 구멍 뚫린 나무판자를 만나면 잠시 거기에 목을 넣고 쉰다. 그러나 판자를 만나지 못하면 그냥 물속으로 들어가야 한다. 그런데 이때 눈먼 거북이가 과연 나무판자를 만날 수 있겠느냐?"

"그럴 수 없습니다."

그러자 붓다께서는 이렇게 말씀하셨다.

"눈먼 거북과 나무토막은 서로 엇갈리다가도 만날 수 있을 것이다. 그러나 어리석고 미련한 범부가 오취(五趣)를 윤회하면서 잠깐이라도 사람의 몸을 받기는 저보다 더 어려울 것이다."

『아함경』에 나오는 이 구절은 사람이 된다는 것이 얼마나 어려운가를 눈먼 거북이 나무판자를 만나는 비유로 설명하고 있다.

맹구우목의 이 장면을 보면 우선 프로이트(Sigmund Freud, 1856~1939)의 '정신분석'과 '꿈의 해석'을 떠올리지 않을 수 없다. 프로이트는 성(性)에 대한 욕구를 단순한 생물학적인 차원을 넘어서 사람의 일생을 관통하는 정신적인 에너지의 근원을 리비도(Libido)라고 이름 지어 불렀다. 그 리비도는 꿈의 세계에서 여러 가지 형태로 변형되어 나타나는데 거북의 머리는 남성 성기의 상징물로, 구멍 뚫린 판자는 여성 성기의 상징으로 나타난다.

그런 의미에서 붓다께서 눈먼 거북이가 자신의 목을 나무판자 구멍에 넣고 쉰다고 하신 말씀은 의미심장하다. 더욱이 사람이 생겨나는 과정을 설명하는 중에 나온 맹구우목의 비유는 2천 5백 년의 시대를 뛰어넘어 프로이트의 정신분석학의 상징들과 감탄할 만한 유사성을 보이고 있다. 붓다께서 프로이트의 책을 읽어보시고 맹구우목을 인용했을 리는 만무하다. 반면 프로이트가 『아함경』을 읽고 힌트를 얻어 정신분석학을 창시하였을 가능성은 배제할 수가 없는 것이 아닐까?

노화과학

노화란 무엇인가?

이렇게 희귀한 과정을 거쳐 태어난 귀중한 생명이건만 세월이 흐르면 어느덧 자신도 모르는 사이에 노쇠현상이 찾아온다. 붓다 수행의 출발점도 바로 이 노병사이다. 왜 사람은 늙어서 쇠약해지지 않으면 안 되는가? 이 노쇠의 원인은 무엇이며 이것을 피해가는 방법은 없는가?

현대의 생물학계와 의학계에서는 노화의 원인으로 유전자 프로그램설, 세포수명설, 활성산소설 등의 세 가지가 가장 유력하게 거론되고 있다.

① 유전자 프로그램설

유전자 프로그램설(또는 생물시계설)은 유전자 속에 처음부터 노화 프로그램이 짜여 있기 때문에 생물은 그 프로그램에 따라 노화해 간다는 설이다. 모든 생명체는 그들의 DNA 속에 발생과 분화에 대한 프로그램이 준비되어 있고 뿐만 아니라 성숙, 노화, 사망까지도 프로그램화되어 있어서 그것에 따라 노쇠현상이 찾아온다는 학설이다. 이 프로그램설을 뒷받침하는 실례가 조로증이다. 조로증 환자의 세포 수명은 정상세포 수명의 절반에도 훨씬 못 미친다. 조로증 환자의 노화나 수명을 결정하는 유전자에 문제가 있기 때문에 조로증이 발생한다.

모든 생물에 적용되는 이 노화 프로그램의 원리는 바로 종족의 보존이다. 번식을 마친 개체가 도태되어야만 먹이경쟁에서 동족의 젊은 개체에게 도움이 되기 때문이다. 생식을 마친 생물에게 노화를 일으키는 노화유전자가 켜지고, 그에 따라 결국은 노쇠하고 사망에 이른다는 것이 유전자 프로그램설이다.

② 세포수명설

노화를 설명하는 학설 중 가장 유력한 학설은 미국의 헤이플릭(Leonard Hayflick) 박사의 세포수명설이다. 세포수명설은 세포가 무한히 분열하는 것이 아니라 분열에 일정한 한계가 있기 때문에 세포로 구성된 생물도 그 한계를 넘어서지 못한다는 설이다.

우리 몸을 구성하는 세포는 분열하는 횟수에 한도가 있어 50번 정도 분열한 뒤에는 분열을 정지하는데, 이 한계점을 '헤이플릭의 한계점'이라고 한다. 사람이 나이가 들면 모든 장기에서 세포분열이 이 한계점에 도달하는데 그렇게 되면 세포의 수가 점차 감소하여 조직이나 장기의 유지가 어려워진다. 헤이플릭은 이러한 현상을 노화라고 정의한다. 이 학설은 1980년대에 들어 텔로미어(Telomere)의 기능이 발견되면서 더욱더 확고한 지지기반을 형성한다.

텔로미어란 사람의 23쌍 46개 염색체의 말단 부분을 일컫는다. 인간 염색체의 텔로미어는 6개의 염기단위인 'TTAGGG'가 되풀이되어서 만들어진 구조이다. 이 염기단위 'TTAGGG'는 단백질 생성이나 세포분열에 참여하지 않는 부분이기 때문에 염기서열로서의 의미는 없다.

TAG가 꼬리표를 의미하는 영어 단어이므로 우연치고는 너무도 신기한 일이 아닐 수 없다. 텔로미어가 스스로 "내 이름은 꼬리표예요, 꼬리표, 꼬리표……"라고 말하고 있는 것 같다. 텔로미어는 염색체의 말단을 보호하는 기능을 한다. 세포분열이 거듭되는 과정에서 텔로미어는 점점 닳아서 짧아지는데 이 텔로미어가 다 닳고 나면 염색체가 그 옆에 있는 염색체와 융합하여 이상이 일어날 가능성이 있기 때문에 세포는 분열을 중단한다. 따라서 인체 내에서 세포분열이 활발한 머리카락, 피부 등에서 먼저 노화가 찾아오며, 세포분열이 활발하지 않은 신경세포에는 노화가 가장 늦게 찾아온다.

복제 양 돌리가 조로증 때문에 일찍 죽었다는 신문기사를 본 기억이 나실지 모르겠다. 복제 양 돌리는 생식세포에서 분화되지 않고 체세포에서 분화되어 나왔으므로 태어날 때부터 텔로미어가 짧아져 있었고, 그로 인해 세포분열에 제한을 받은 것이다. 돌리에게 체세포를 제공할 때 어버이 양은 6세였고, 돌리가 조로증 증세에 의한 합병증으로 6세에 안락사를 당했으니, 합치면 양의 일반적인 수명인 12세가 나온다. 양의 체세포 분열 한계가 50회라고 가정하면, 체세포를 제공한 어버이 양이 이미 25회를 썼으므로 돌리는 남은 25회의 분열 후 한계에 이르러 조로증이 찾아온 것이라 가정된다.

인체에서 노화 없이 수천, 수만 년을 영구히 분화할 수 있는 곳이 있는데 그것은 바로 생식세포이다. 우리는 부모의 생식세포에서 분화되어 나왔다. 복제 양 돌리처럼 반만 남은 텔로미어를 물려받는 것이 아니라, 원상 복구된 긴 텔로미어를 가지고 처음부터 다시 시작한 것이다. 이와 같이 생식세포는 텔로미어의 헤이플릭 한계에 예외 적용을 받기 때문에 생식세포를 통해 영구히 살 수 있는 것이다. 생식세포라 하더라도 그것 역시 내 몸의 일부인 것이 확실하므로 나는 그것을 통해 영구히 존재하는데, 다만 불교식으로 이야기하면 식(識)이 전달되지 않을 뿐이다.

또 한군데 헤이플릭 한계에 예외 적용을 받는 인체의 세포는 바로 암세포이다. 암세포는 염색체말단의 텔로미어 배열을 계속해서 추가할 수 있는 텔로미라제(Telomerase)라는 효소를 스스로 만들어내어 헤이플릭의 한계를 극복한다. 세계 의과대학 랭킹 5위 안에 드는 미국 존스 홉킨스 의대의 한 실험실에서는 한 흑인 여성의 자궁에서 떼어낸 암세포가 인간의 몇 세대가 지나가는 세월 동안 계속해서 자라나고 있으며 노화현상이 전혀 나타나지 않고 있음을 확인했다.

아마도 암세포는 조건만 맞으면 현생 인류와 같은 수명을 누릴 수도 있을지도 모른다. 지금도 세계 각국의 실험실이나 연구기관에 요청만 하면 일부를 뚝 떼어내서 택배로 발송해 준다고 하니 심심하면 요청해서 길러보아도 좋다. 포도당을 계속 공급해주면서 가끔 유모차에 싣고 바람을 한번씩 쐬어주면 된다. 암세포를 키우는 사람들끼리 동호회를 만들어서 정기적인 모임을 갖는 것도 괜찮을 것이다.

한때 이 텔로미라제라는 효소에 불로장생의 비밀이 있다고 하여 각광을 받은 적도 있으나, 정상세포의 암화(癌化) 우려로 중단되었다. 이 분야는 앞으로 더 깊은 연구가 필요하다.

③ 활성산소설

활성산소에 대한 내용은 인생의 후반기에 접어드는 분들에게 매우 중요한 정보이다. 질병 발생과 노화 및 장수 부분에 깊이 관여하는 활성산소를 바로 알고 대처하지 않으면 크게 손해를 볼 수도 있다. 남보다 천천히 늙고 조금 더 오래 살려는 생각이 있다면 활성산소와 항산화제에 대해 공부하여 하루라도 빨리 실천에 옮기는 것이 좋을 것으로 보인다.

활성산소설은 생물의 생존에 필요한 에너지의 생성 과정에서 활성산소가 발생되는데 이것이 생물노화의 원인 물질이 된다는 설이다. 산소의 패러독스라는 말이 있다. 산소는 모든 지구 생명체의 근원이기도 하지만 반면 생명체의 생기를 서서히 거두어들이는 역할도 한다.

인큐베이터가 처음 발명되어 많은 미숙아들의 목숨을 살려내었지만 미숙아들의 눈이 손상을 입어 장님이 되는 경우가 허다하였다. 처음에는 산소에 대한 인식이 부족하여 그것이 고농도의 산소 때문이라는 것을 아무도 몰랐었다. 그것이 바로 고농도의 산소가 미숙아의 망막을 공격하는 '미숙아 망막증' 인 것이다. 요즈음 인큐베이터에 들어가는 아기들은 제일 먼저 눈부터 붕대로 가린다.

과거에는 옥시풀이라는 손을 소독하는 소독액이 있었다. 이 옥시풀이 바로 과산화수소수로, 활성산소의 강한 독성을 이용하여 살균하는 것이다. 껍질을 깎을 당시 싱싱했던 사과가 공기 중에서

갈색으로 흐물흐물하게 변하고 쇠가 벌겋게 녹스는 것도 모두 산소 때문이다. 이렇게 산소가 존재하는 곳에는 항상 산화라는 화학반응이 나타난다.

활성산소는 대기 중의 산소가 변화해서 생겨난다. 산소원자는 8개의 전자를 가지고 있는데 그중 6개는 둘씩 짝을 짓고 있으나 맨바깥 궤도의 전자 2개는 짝이 없는 상태이다. 이를 홀전자라고 한다. 홀전자를 가지는 원자는 불안정한 상태에 있다.

산소원자 중 산화나 활성산소에 관계하는 전자는 바로 이 바깥쪽 궤도의 홀전자이다. 홀전자는 다른 원자나 분자로부터 전자를 빼앗아 짝을 이루려고 한다. 한편 전자를 빼앗기는 분자는 자신이 홀전자를 가지게 되므로 다른 분자로부터 전자를 빼앗으려는 반응을 곧바로 일으키게 된다. 이렇게 연쇄적인 반응을 일으키면서 산화가 진행되는 것이다.

−활성산소의 종류
• 슈퍼옥사이드 래디칼(Superoxide Radical): O_2^-
미토콘드리아에서 에너지를 생산하는 과정에서 대량으로 발생하는 가장 일반적인 형태의 활성산소이다. 독성은 상대적으로 적은 편이다.
• 하이드로겐 페록사이드(Hydrogen Peroxide): H_2O_2(과산화수소)
슈퍼옥사이드 래디칼이 물 분자와 결합하면서 발생한다. 독성은 적지만 살균력이 있으며 가장 강력한 하이드록실 래디칼의 원인 물질이 된다.

• 하이드록실 래디칼(Hydroxyl Radical): OH^-

가장 반응성이 강하며 가장 위험한 활성산소로, 암을 비롯한 모든 질병의 원인이 될 뿐 아니라 인체노화의 주범이 된다.

• 싱글레트 옥시젠(Singlet Oxygen): $^1O_2$(일중항산소)

햇빛(자외선)에 노출될 때 몸에서 발생하는 산소로 산화력이 매우 강하며 피부와 관련된 노화 즉, 주름살과 피부암의 원인이 된다.

-활성산소는 인체노화의 주범

우리의 몸은 60조에 달하는 세포로 이루어져 있고, 세포는 각각 세포막, 핵막 등으로 이루어져 있다. 생체막은 불포화지방산을 위주로 하는 지질로 되어있는데 그것은 식용유처럼 쉽게 산화하는 성질을 가지고 있다. 산화된 식용유는 불포화지방산이 열에 의해 과산화지질로 변한 것인데 우리의 몸속에서도 이와 똑같은 일이 일어난다. 그렇게 되면 생체막을 통한 물질의 교환이나 선택 등의 기능이 상실되어 세포가 죽게 되는데 이것이 바로 노화이다.

활성산소는 세포 내에서 미토콘드리아가 산소를 이용하여 에너지를 발생시킬 때 발생하는 것이기 때문에 살아가는 데 있어서 그 발생을 피할 수는 없다.

–활성산소는 모든 질병의 원인

생체 내에서 발생한 활성산소는 노화의 원인이 될 뿐 아니라 암, 뇌졸중을 비롯한 모든 성인병의 발생에도 깊이 관여하고 있다. 바이러스를 제외하면 모든 질병의 원인은 세포의 산화가 원인이며 그 산화의 주범은 바로 활성산소이다.

혈관 속에서 LDL(저밀도지질단백질; 나쁜 콜레스테롤)은 활성산소의 공격을 받아 변성LDL이 된다. 대식세포는 그 변성LDL을 이물질로 간주하여 잡아먹는다. 이 대식세포는 곧 부풀어 올라 포말세포가 된다. 포말세포가 계속해서 증가하면 결국에는 터져버리고 마는데, 이것이 심근경색과 뇌졸중의 원인인 가장 일반적인 형태의 동맥경화증이다.

바이러스성 암을 제외하면 나머지 대부분의 암은 세포레벨의 장해라고 할 수 있다. 담배, 스트레스, 식품첨가물, 자외선, 전자파, 농약 등으로 인해 활성산소가 발생하는데 이 활성산소가 암 억제유전자를 손상시켜 암 유전자를 잠에서 깨움으로써 암이 발병한다.

인체 내부에서 암이 발생되려면 일반적으로 세 가지 단계를 거치게 된다. 제1단계는 유전자에 질적인 이상이 발생되는 방아쇠 단계, 제2단계는 암으로 발전을 촉진하는 자극이 반복되는 촉진 단계, 제3단계는 변성된 세포가 증식하여 덩어리로 변하는 행동 단계이다. 활성산소는 1, 2단계에 긴밀히 연관되어 있다.

당뇨병, 백내장, 관절염, 치매, 그 밖의 성인병 발병에는 환자의 생활습관에 뿌리를 둔 다양한 요인이 있을 수 있는데, 그 배경에는 활성산소가 직접적으로 관여하고 있다는 것이 하나씩 밝혀지고 있다.

왜 여성이 남성보다 오래 사는가? 최근 활성산소에 관한 연구가 이루어지면서 여러 가지 사실이 더 밝혀지고 있다. 일반적으로 남자가 여자보다 기초대사량이 10% 정도 높다. 남성은 이 기초대사만으로도 산소의 소비량이 많아 활성산소에 한층 더 많이 노출된다. 바로 이러한 이유로 여자들만큼 오래 살지 못한다는 것이다.

-항산화제

항산화제란 활성산소로부터 몸을 방어하는 기능을 가진 물질을 말한다. 항산화제는 크게 나누면 효소 종류, 비타민 종류, 기타 항산화제의 세 가지 종류가 있다.

효소 종류로는 체내에서 합성되는 SOD(Super Oxide Dismutase), 카탈라아제 등이 있고 비타민 종류로는 비타민 C, E, B군이 있으며 기타 베타카로틴, 폴리페놀, 셀레늄, 망간 등이 있다. 이들 항산화제는 활성산소의 발생을 저지하고, 발생한 활성산소의 활성도를 낮추고, 활성산소에 의해 손상된 세포를 복구하는 기능이 있다. 이러한 기능을 하는 구조는 우선 효소계통의 SOD가 슈퍼옥사이드 래디칼과 과산화수소의 활성을 제거하고, 그 다음에 비타민

류가 싱글레트 옥시젠과 하이드록실 래디칼의 활성을 제거하여, 활성산소를 최종적으로 물로 분해하는 순서로 이루어진다.

비타민은 가장 싸고 손쉽게 구할 수 있는 최상의 항산화제이다. 비타민 C(아스코르빈산)는 수용성으로 세포 밖, 세포질, 미토콘드리아 내의 물에 용해되어 항산화기능을 한다. 비타민 E(토코페롤)는 지용성으로 불포화지방산이 주성분으로 된 세포막, 핵막 등 생체막에 녹아서 기능을 발휘한다.

– 비타민 C 메가도스[42] 용법

비타민 C 메가도스 용법이 유럽과 미국을 휩쓸고 나서 이제 우리나라에도 상륙했다. 비타민 C 메가도스 용법이란 노벨상을 두 번이나 받은 바 있는 라이너스 폴링 박사가 제창한 것으로, 하루에 비타민 C를 1,000 내지 6,000mg 복용하는 방법이다. 예전 유엔보건기구의 일일 권장량이 60mg이었던 것에 비교하면 메가도스란 말이 나올 법도 하다. 이 방법으로 노화를 지연시키고 당뇨병, 고혈압 등 성인병을 극복했다고 하는 사례가 무궁무진하게 많다.

의사들 사이에는 찬반이 분분하나 비타민 C가 체내 축적이 되지 않고 별다른 약해가 없으니 한번 시도해 보는 것도 괜찮을 것 같

---

42) 메가도스: '메가(다량) 도스(복용)'로 비타민 C 등을 다량 복용하는 것을 말한다. 요즈음 제조되는 비타민 C는 모두 메가도스를 기준으로 제조된다.

다. 물론 의사들 가운데에서도 열렬한 지지자들이 많지만, 일부 의사들이 반대하는 이유는 라이너스 폴링 박사가 의사가 아니기 때문이다. 폴링 박사가 의사가 아닌 생화학자였기에, 인체에 좋다 나쁘다 하고 주장하는 자체가 못마땅했던 것이다.

비타민 C 메가도스 용법을 시작하는 방법은 간단하다. 가까운 약국에 가서 1정당 1,000mg 단위의 비타민 C를 구입하여 매일 1정 내지 6정을 자신의 판단에 따라 복용하면 된다. 기왕 시작하는 김에 비타민 E도 같이 복용하면 좋다. 비타민 C는 우리 몸의 수용성 부분을, 비타민 E는 지용성 부분을 각각 맡아 인체노화의 주범이 되는 활성산소를 정리하는 데 도움을 줄 것이다.

적게 먹기, 가장 확실한 장수의 비결

뭐니뭐니해도 가장 확실한 장수의 비결은 역시 적게 먹기이다. 최근 수십 년간의 연구 결과, 동물들에게 공급하는 칼로리를 줄이면 오래 산다는 것이 알려지게 되었다. 또한 칼로리의 공급을 제한하면 광범위하게 노화 관련 질병을 지연시키거나 억제할 수 있다는 것도 연구되고 있다.

이러한 저칼로리 식단의 이익은 종양 발생과 신장 퇴화의 감소에서 면역력의 증가까지 다양하다. 적게 먹으면 음식을 에너지로 바꾸는 대사 속도가 감소한다. 에너지 생산 속도가 느려지면 생체 과정은 더 느린 속도로 진행된다. 쥐를 대상으로 한 실험에서 절식을 한 쥐는 자유롭게 먹은 쥐들보다 혈중 포도당 농도가 낮고 당화된 단백질이 적으며 추가적으로 인슐린의 포도당 운반 기능이 활성화된다. 음식을 양껏 섭취하고 운동을 하지 않은 쥐는 무분별한 고칼로리 생활양식의 현대인을 대신한 모델인 셈이 된다.

이러한 절식 실험의 결과를 동물별로 보면 쥐는 40%, 금붕어는 40%, 거미는 80%, 원생동물은 90%, 선충은 100%의 수명연장 효과가 각각 나타났다. 따라서 사람도 칼로리 제한으로 분명히 수명연장을 할 수 있다. 동물이 나이가 들면 활성산소의 생산이 증가되는데 칼로리를 줄인 상태에서는 스트레스 관련 유전자, 에너지생산 관련 유전자, 회복 및 재생 관련 유전자 등 세 가지 유전자 그룹에 통제가 이루어져서 수명연장으로 이어진다. 이러한 식사 제한은 수명연장과 관련되는 유전자 그룹을 활성화 또는 억제함으로써 효율적인 수명연장의 결과를 가져오게 되는 것이다.

오키나와 프로그램

오키나와 프로그램이라는 500여 페이지에 달하는 건강장수 비결에 대한 보고서가 있다. 일본이 장수국가로 손꼽히지만 일본 내에서도 세계적인 장수지역으로 꼽히는 곳이 오키나와이다. 단순히 장수지역일 뿐 아니라 심장병 및 각종 암의 발병률이 세계에서 가장 낮은 지역으로, 과학자들의 연구대상이 되고 있다.

100세 노인이 고기잡이배를 타고, 밭을 가는 등 독립적이며 여유 있는 건강생활을 즐기는 일은 오키나와에서 너무나 흔한 일이다. 오키나와에서는 80대 노인이 청년 취급을 받으며, 60대는 아예 어린이 취급을 받는다. 많은 시간과 노력과 돈을 들여 만든 오키나와 프로그램의 건강장수 비결은 단 한 줄로 요약될 수 있다.

그것은 "적게 먹고 많이 움직여라(小食多動)"이다.

"하라 하치부!43)" 오키나와 인들은 식사를 할 때 배를 다 채우지 않는다. 약간 부족하다 싶을 때 밥숟가락을 놓는 것을 생활화하고 있다. 가라테(空手)의 발상지인 만큼 비움의 철학이 집단 무의식 속에 녹아있는 것 같다.

여기서 '많이 움직여라'는 것은 운동을 많이 하라는 이야기도 되겠지만 그것보다는 '고기 잡는 그물을 짜고 밭을 가는 등 일상을 통해 몸을 쉬지 않고 움직여라'는 뜻이다. 그러니 나이가 들었다고 해서 몸을 움직이는 일을 놓쳐버리면 안 된다. 오래 살기를 원한다면 하다못해 당장 골목 앞을 비질하는 일부터라도 시작하는 편이 낫다.

한 가지만 더 추가한다면 마음의 평화를 유지하는 것이다. 앞에서도 언급이 있었지만 스트레스 호르몬이 노화를 촉진하는 활성산소를 발생시킨다. 평화로운 마음을 항상 유지하면서 적게 먹으며 부지런히 움직인다면 100세 건강은 이제 더 이상 남의 일이 아

---

43) 일본말로 '배(위장)의 8할만(채우자)!'는 의미이다.

니다.

붓다 자신과 승단의 수제자들은 80세를 보통으로 여기는 당대 최고의 장수 집단이었다. 드러내놓고 장수를 거론한 적은 없지만 구성원 모두가 당시 왕들의 평균 수명 2배 이상에 해당하는 장수를 누렸다. 일일 일식을 철칙으로 하고 부지런히 몸을 움직이며 마음의 평화를 추구해갔기 때문에 이러한 결과는 당연한 것이라 생각된다.

보고가 끝나면서 조명이 다시 밝아오자 중후한 인상의 동양인의 모습이 나타났다. 세계적인 항노화연구회를 이끌고 있는 곤도 가즈오 박사였다. 일본에서 급히 날아와 합류한 그의 노화(老化) 방지학 강의를 끝으로 3일째의 보고가 모두 끝났다. 모두 붓다의 말씀에 귀 기울였다.

행복의무경(幸福義務經)

이토록 어렵게 사람의 몸 받았으니
모두가 행복해야 하는 것은 당연한 일
그러나 탐욕과 분노와 어리석음이 앞을 가리면
삶은 끝없는 고통의 연속일 뿐이다
이 세상에 난 것은 내 뜻이 아니었으나

이제 내 의지로 이 고통에서 벗어나야 한다

여기 모든 이들은 또한 불법과 희귀한 인연을 또 맺었으니

부지런히 수행을 하여 마음의 평화를 얻고

세상에 난 행복을 마음껏 누려라

5. 진화론과 일체개고(一切皆苦)

위대하신 각자시여, 오늘은 진화의 이론에 대해 저희들이 그간 나름대로 탐구한 바를 말씀드리도록 하겠나이다. 이와 함께 인간 계 및 축생계를 관통하는 로고스[44]인 고(苦)의 본질에 대해 여래께 서 말씀하신 바를 다시 음미해보는 시간을 갖도록 하겠나이다. 여 래의 시각으로 인간과 축생계를 보니 그야말로 차마 눈뜨고 볼 수 없는 측은한 광경이 아닐 수 없었습니다. 그렇다고 저희들이 이에 개입하여 무언가 바꾸어 놓기에는 너무나도 역부족임을 느낍니 다. 저희들은 고의 본질을 보는 것만으로도 더할 수 없는 진보이옵 니다. 세상을 좀 더 풍요롭게 하여 각박한 인류의 마음을 조금이라

---

44) 로고스: 그리스 철학과 신학에서 우주에 내재하면서 우주를 다스리고 우주에 형식과
   의미를 부여하는 신의 이성으로 이해되는 개념이다.

도 더 누그러뜨릴 수만 있다면 더는 바랄 것이 없겠나이다.

조명이 어두워지면서 전면 스크린에 가득한 핑크빛의 꽃들이 선명해진다. 매우 아름답다. 작은 탄성이 여기저기서 터져 나온다.

위장술의 대가들

"위대한 각자시여, 지금 보고 계시는 화면은 내셔널 지오그래픽이라는 텔레비전 채널의 한 장면이옵니다. 지금은 정지시켜놓은 화면이오나 곧 움직이는 화면으로 보시게 될 것이옵니다."

화면을 핑크색의 꽃들이 가득 채우고 있다. 아무도 눈치 채지 못했는데 꽃의 일부라고 생각했던 부분이 사실은 똑같은 핑크색을 한 사마귀였다. 그것을 모르고 꽃으로 날아든 나비는 낫과 같이 생긴 사마귀의 앞발에 순식간에 붙잡히고 만다.

'좌광우도'라는 말을 들어보았을 것이다. 광어는 좌측에 눈 두 개가 몰려있고 도다리는 우측에 눈 두 개가 몰려있다는 뜻이다. 납작한 몸을 가진 이들 물고기가 장구한 시간을 바다 밑바닥에 드러누워 있다 보니 그렇게 된 모양인데, 광어는 주로 우측을 바닥으로 눕고 도다리는 좌측을 바닥으로 눕는 습관이 있는 모양이다. 만약에 반대쪽으로 눕는 어린 것들이 있으면 어른들이 혼내며 교육을 시키는지도 모르겠다.

여하튼 이들 광어나 도다리도 위장술의 대가이다. 눈이 몰려있는 쪽의 몸 표면은 모랫바닥과 거의 구분이 되지 않을 정도로 비슷하게 생겼다. 바다 밑바닥 모래밭에 드러누운 다음 지느러미를 몇 번 퍼덕여서 몸을 숨기고 눈만 내어놓고 있으면 도저히 구분해 낼 재간이 없다. 광어와 도다리는 그러한 위장으로 포식자들로부터 자신의 몸을 보호할 뿐 아니라 기습사냥의 방법으로도 활용한다.

어떤 나방은 자신의 날개에 큰 눈알 모양을 그려놓고 있다. 새가 날아와서 나방을 먹으려고 하다가 자신을 노려보는 큰 눈알을 보고는 깜짝 놀란다. 가짜 같기도 한 생각이 들지만 혹시나 하는 생각에 콩닥거리는 가슴을 안고 그냥 날아가 버리고 만다.

핑크색 꽃 사마귀, 광어와 도다리, 눈알 그림 나방 등은 자신이 위장술의 대가라는 것을 알고 있을까? 사냥의 성공 확률을 높이기 위하여 위장의 세련도를 나날이 더 심화해가야겠다는 의지가 있을까? 아니면 그냥 '나는 왜 이렇게 사냥을 잘하지?' 정도로 생각하고 말까? 그들이 무엇을 생각하고 있는지는 알 길이 없지만 사람이 사냥 나갈 때 위장을 하면서 안 들켜야지 하고 다짐을 하는 것과는 분명 다를 것이다.

위에서 예로 든 것들은 작은 부분이기는 하지만 진화의 대표적인 사례로 생각된다. 꽃의 모양·색깔과 똑같은 사마귀가 처음부터 있었던 것이 아니고 점진적으로 꽃을 닮아갔다는 것이 진화론자들의 설명이다. 꽃과 구분이 안 될 정도로 꽃을 닮아갈수록 사마귀의 사냥 성공 확률이 높아지고, 이에 따라 그러한 형질을 후대에 남길 가능성도 더 커진다는 것이다. 나뭇잎과 구분이 안 될 정도로 잎맥까지 뚜렷이 닮은 나뭇잎 사마귀도 있는데 그 사마귀는 나뭇잎에서 살면서 사냥을 한다.

광어와 도다리의 눈이 처음부터 한쪽으로 몰려 붙어있었다는 것보다는 원래 좌우에 하나씩 있었는데 점점 한쪽으로 몰리게 되었다고 하는 것이 더 합리적인 것으로 보인다. 사람들 가운데에는 엎드려서 자는 버릇이 있는 사람도 더러 있다. 이때 한쪽 눈이 밑에 깔리게 되는데 밑에 깔리는 눈 입장에서는 매우 불편하다. 앞에서 살펴본 이치대로라면 그쪽 눈은 장구한 세월이 흐르면서 점차 이마 위로 올라갈 것이 틀림없으니, 엎드려 자는 버릇을 가진 사람은 오늘부터라도 그 버릇을 고치는 것이 좋을 듯하다. 여하튼 이러한 동물들의 환경 적응은 미리 설계된 것이 아니라 변이와 선택의 결과라는 이해가 진화론의 요체이다.

자연과학은 입증이 따르지 않으면 안 된다. 동물의 개체변이는 세대를 이어가며 눈에 보이지 않게 아주 조금씩 일어나기 때문에 진화론은 과학의 다른 분야와는 달리 당장 실험결과를 만들어 내

보일 수가 없다. 이렇듯 입증이 어려우니 진화론은 가설의 범주를 빨리 또 확실하게 벗어버리기가 어렵다. 바로 이러한 이유 때문에 진화론이 종종 창조론자들의 표적이 되기도 한다.

로마교황청은 과거에 천동설과 지동설을 가지고 막 태어나기 시작하는 자연과학과 대립의 각을 세우다가 패한 경험이 있다. 16세기의 마지막 해인 1600년 2월 17일, 로마교황청은 로마의 캄포 데 피오리 광장에서 지동설을 주장하는 조르다노 부르노를 불태워 죽인다. 조르다노 부르노는 원래 도미니크회 수도승 출신으로 "우주에는 셀 수 없이 많은 태양이 있고, 그 태양의 주위를 도는 셀 수 없이 많은 지구가 있다."고 주장하다가 자신이 우주의 중심이라고 생각하던 교황의 분노를 사게 된 것이다.

웬만큼 고집을 꺾었으면 살 수도 있었겠으나 체포 후 8년간의 모진 고문으로 육신이 걸레가 되어도 그는 자신의 뜻을 굽히지 않았다. 화형 전 입에 물린 재갈을 잠시 풀어주자 그는 "선고를 받는 나보다 선고를 내리는 당신들의 두려움이 더 클 것이오."라고 말했다. 성스러운 교황청을 바보로 만드는 순간이다.

그가 불타 죽은 로마의 광장 캄포 데 피오리는 '꽃의 들판'이라는 이탈리아 말이라고 한다. 꽃밭에서 승화한 '진리의 빛(VERITAS LUX MEA)'이여!

이러한 과거의 경력으로 인해 교황청은 이후 과학과 일정한 거리를 두는 듯하다가 슬그머니 지동설을 수용하게 된다. 그러나 기독교계는 지동설 2~300년 이후에 등장한 진화론에 대한 못마땅함을 가감 없이 드러내고 있다. 진화론 속의 변화의 속도는 워낙 느려서 입증에는 장구한 세월이 필요하므로 창조론자의 공격을 받으면 반박이 어렵다.

창조과학은 종교를 위해 과학을 이용하려 하나 결과적으로는 패배할 수밖에 없다. 창조과학은 주로 진화론의 불완전성을 들어 자신의 옳음을 입증하려 하나 진화론의 불완전이 바로 창조과학의 옳음을 증명하는 것은 아니다. 따라서 20세기 초에 스미소니언 연구소의 월코트(Charles Walcott, 1850~1927) 박사 팀이 그랜드캐니언에서 대규모로 화석을 발견할 때까지 진화론은 많은 조롱과 핍박을 받는다.

그랜드캐니언 대협곡의 깊은 곳은 2,000m에 달하는데 장소에 따라 시생대 이후 20~30억 년의 지구 역사를 고스란히 담고 있다. 바닥층 아래의 시원대 암석판에서는 30억 년 전에 생성된 청록색의 스트로마톨라이트가 발견되었다. 그것은 지구 모든 생명체의 근원인 시아노박테리아로 이루어진 것이다.

여러분이 그랜드캐니언에 가게 되면 이런 생각을 한번 가져보는 것도 괜찮겠다. '음, 이 그랜드캐니언의 지층 1mm는 약 1,000년의 세월을 상징하는군. 1m가 쌓이려면 백만 년이 걸리겠군. 다른 각도에서 이 대협곡의 장엄함을 알 수 있게 되었어.' 라고 말이다.

그랜드캐니언에서 대체로 우리가 구경하는 부분의 협곡은 15~20억 년의 세월 동안에 형성된 것이다. 지구의 역사가 6천 년이라고 주장하는 사람도 일부 있는데, 6천 년 동안에는 그랜드캐니언의 지층이 6mm밖에 쌓이지 않는다.

약육강식의 세계

내셔널 지오그래픽 채널에서는 앞에서와 같이 흥미로운 장면도 있지만 대부분은 약육강식의 먹이 활동 같은 잔인한 장면들이 더 많다. 사자떼가 물소를 공격하는 장면, 황톳물 속의 악어가 누(gnu)를 끌고 물속으로 들어갈 때 휘둥그러진 누의 눈망울, 뱀이 개구리를 뒤에서부터 천천히 먹어 들어가는 그로테스크한 장면, 치타가 가젤을 뒤쫓아가 덮치는 장면 등 수없이 많다.

그러나 잠시만 더 생각해보면 잔인하다는 것은 사람의 생각일 뿐이다. 동물들의 세계에서 그것은 너무나도 당연한 각자의 생존 방식이다. 육식동물이 다른 동물을 사냥해서 잡아먹는 일이나 영국 여왕이 버킹엄 궁전 만찬에서 귀빈들과 어울려 수준 높은 조크를 하면서 은쟁반 위의 꿩 고기[45]를 은 포크로 찍어 드시는 것이나 먹는다는 면에서는 똑같은 것이다. 육식동물들은 그렇게 하도록 만들어졌기 때문에 다른 대안은 없다. 그러나 육식동물도 그들 나름대로의 애환이 없을 수 없다.

　욕실에서 거미 한 마리를 발견하였다. 사방이 타일로 된 욕실 안에 거미가 먹을 것이라고는 눈을 닦고 봐도 없으니 아무래도 못 올 곳을 잘못 온 것이리라. 며칠 뒤 그 거미는 굶어 죽은 채로 발견되었다. 긴 다리들은 오그려 접고 한쪽 구석에 엎드려 있었는데 손바닥에 올려놓고 보니 온몸이 창백하고 투명하다. 불면 날아갈 듯 무슨 비닐조각 같이 생겼다. 먹은 것이 전혀 없으니 속이 그냥 다 들여다보이는 것이다. 새에게 먹히는 지렁이만 가여운 것이 아니다. 잡아먹지 못해 굶주리다 죽은 거미 또한 한없이 가여울 수 있다.
　잡아먹는 동물이라고 항상 화려하고 주도적인 삶을 살아가는 것이 아니다. 다치거나 늙어 질주하는 속도가 떨어지면 그날로부터 무리로부터 배척당한다. 먹지 못하게 되면 그때부터 체력이 급속히 떨어져 다른 개체를 사냥하는 것이 불가능해진다. 지금까지 사바나에 살아남은 초식동물 중에 그렇게 만만하게 자신의 몸을 내어줄 놈은 없다.
　초식동물들은 굶어서 죽는 경우가 오히려 적으나 대부분 육식동물의 최후는 굶어 죽는 것이며 늙어서 죽는 경우는 거의 없다. 무

---

45) 꿩 고기는 버킹엄 궁에서 최고의 귀빈에게 대접하는 요리이다. 기독교적인 시각에 의해 하늘을 나는 꿩은 하느님과 가장 가까운 동물로 간주된다. 따라서 사육된 꿩이 아닌 사냥으로 잡은 꿩만 사용된다.

리에서 배척 받은 사자는 밀림의 한쪽에서 지는 해를 쓸쓸하게 바라보며 생의 최후를 맞이한다. 주변에서 눈을 번득이며 기다리던 하이에나들이 그날 밤 그 사자를 해체한다. 일체개고는 동물의 세계라도 예외가 없나 보다.

그러나 사자를 비롯한 동물들은 대뇌 전두엽이 발달하지 않았기 때문에 오지 않은 미래를 미리 걱정하며 살지는 않는다. 그래서 그나마 살아가는 것이지, 만약 사람 같으면 이렇게 장래가 불안해서는 도저히 살 수가 없다고 하면서 생활고를 비관한 자살이 많이 나올 것이다. 육식동물들에게 몸을 내어주는 초식동물들의 고통은 그보다 더할 것이다. 금방 태어나 땅에 쿵 하고 떨어진 갓 난 새끼도 곧바로 일어서서 달릴 수 없으면 삶을 보장받을 수 없다. 이들도 전두엽이 덜 발달되어 그나마 평화로운 듯 살아가지, 인간같이 발달했다면 노이로제에 불면증으로 집단폐사가 속출할 것이다.

왜 이렇듯 언뜻 보면 평화로워 보이는 동물의 세계가 안을 들여다보면 고로 가득 차 있을까? 창조의 신이 만약 있다고 가정하면 그 신의 의지는 무엇인가? 신이 만약에 없으면 그러한 동물의 세계를 관통하는 질서나 법은 무엇일까? 참으로 어려운 문제가 아닐 수 없다.

식물의 진화
식물의 경우도 살펴보자. 벼나 밀의 경우, 줄기마다 낟알이 꽉 들어찬 이삭이 달린 지금의 품종이 처음부터 있었던 것이 아니다. 옥수수나 배추의 경우도 지금과 같이 탐스럽게 알이 꽉 들어찬 것은 인류의 끊임없는 육종개량의 노력에 힘입어 비교적 최근에 이루어진 일이다.

배추는 그 원산지가 중국 북부지방이다. 1세기 전후하여 유럽으로부터 불결구(不結球)의 야생배추가 전파되어 들어왔고, 7세기경 중국에 있던 청경채와 자연 교잡되면서 배추의 원시형이 생긴다. 16세기에 반결구 배추가 생겨나고 18세기에 이르러서야 현재의 배추인 결구46)배추로 발전한다.

옥수수는 중앙아메리카가 원산지이다. 기원전 5,000년 당시의 야생옥수수는 한 개에 몇 알밖에 달리지 않는 빈약한 종자였다. 인디오들이 대단한 애착으로 육종개발에 노력을 기울여서 알이 많이 들어서는 품종이 생겨났고 그것이 세계로 퍼져나가 오늘에 이른다.

밀은 가장 역사가 긴 식량작물인데 야생종의 밀은 한 줄기에 서너 알밖에 열리지 않는 일립계 또는 이립계 밀이 그 원형으로, 지금의 품종과는 비교도 안 될 정도로 빈약한 수준이었다.

---

46) 결구(結球): 채소 잎이 여러 겹으로 겹쳐서 둥글게 속이 드는 것으로, 현재의 배추와 양배추는 결구배추이나 조상은 불결구였다.

다윈의 시각 vs 붓다의 시각

찰스 다윈은 1859년 '종의 기원'을 발표하면서 다음과 같이 설명한다.

"동식물의 개체군은 높은 번식능력을 가지고 있으나 자원이 한정되어 있으므로 자신의 생존을 위해 투쟁하지 않으면 안 된다. 따라서 최적자의 자연선택 즉, 적자생존(適者生存)을 통해 좀 더 잘 적응하는 개체에 의해 종이 구성되며 같은 성질을 지닌 자손이 남게 되는 것이다."

다윈과 붓다는 똑같이 지구 생명체들의 약육강식이라는 냉혹한 생존의 방식을 본다. 다윈은 그것을 냉혹하고 객관적인 시각으로 조사하여 적자생존이라는 진화적 시각의 핵심을 이끌어낸 반면, 붓다는 자비의 눈으로 잡아먹히는 생명의 고통과 괴로움에 더 주목한다.

붓다의 '살생을 하지 마라'는 계율은 여기에서부터 나온다. 동물의 세계에서는 잡아먹고 잡아먹히는 것이 너무나도 당연한 것이겠으나 붓다는 인간이 동물과 다름을 선언하고 한 단계 높은 존재로 진화할 것을 인류에게 제시한 것이다. 물론 인간은 육식도 즐기는 동물이기 때문에 본능에 역행하는 이러한 가르침을 받아들이기가 쉽지는 않다.

그래서 붓다는 그 방법에 있어서 중도의 길을 갈 것을 제시한다. 붓다의 시대에 있었던 자이나교도들은 극한의 생명존중교리인 아힘사로 인해 벌레를 밟아 죽일까 봐 문밖을 나오지 못하거나 날벌레가 호흡과 같이 들어올까 봐 숨을 제대로 쉬지 못하는 지경이었다. 자이나교 고승들은 단식으로 생을 마감하는 것을 최고의 경지로 삼았다. 그 이유는 농사를 지으려 밭을 갈 때 알게 모르게 벌레들을 죽일 수밖에 없기 때문이다. 그 과정을 거친 농산물을 끊음으로써 간접적인 살생을 금하려는 의지를 실현한 것이다. 논리적으로 뭔가 좀 이상한 듯하지만 그 수행과정은 너무나 처절하다.

한편 동시대의 힌두교는 그들의 교리 속에 살생의 의지를 담고 있다. 힌두교에서는 신에게 살아있는 소나 염소를 희생하여 제물로 바치는 행사가 있는데 이를 공희(供犧)라고 한다. 지금도 인도에서 공희제가 이어지고 있는데, 피의 바다를 이루는 잔인한 광경이 아닐 수 없다. 이것과 관계되는 『아함경』의 구절을 살펴보자.

부처님께서 사밧티의 기원정사에 계실 때의 일이다. 어느 날 장신의 바라문이 찾아와 부처님께 여쭈었다.

"부처님 저는 사성대회(邪盛大會)[47]를 마련하고자 칠백 마리의 황소를 기둥에 묶어놓고 그 밖의 동물들을 희생하여 성안의 온갖 외도들을 공양하려고 합니다. 제가 마련한 이 대회에

---

47) 사성대회: 바라문들이 동물들을 죽여 신에게 제사를 지낸 뒤 그 제물을 여러 사람들에게 나누는 모임이다.

모자람이 없도록 부처님께서도 참석해 주십시오."

그러나 부처님께서는 그에게 이렇게 말씀하셨다.

"복을 짓기 위해 마련한 사성대회가 오히려 세 가지 죄를 짓는 대회가 되겠구나. 세 가지 죄란 무엇이냐? 너는 지금 온갖 동물을 희생하겠다 했으니 그렇게 한다면 죽이겠다는 생각(意)으로 죄를 짓고, 입(口)으로 죄를 짓고, 또한 죽이면 몸(身)으로 죄를 짓는 것이다. 죄를 짓게 되면 마땅히 그 과오가 따를 것이니 보시를 하다가 도리어 죄를 짓게 되는 것이다. 그러니 바라문이여, 너는 마땅히 묶어놓은 동물들을 풀어주라."

장신 바라문이 돌아가서 부처님의 말씀대로 동물들을 풀어주고 희생제를 취소했다. 그 대신에 깨끗한 음식을 마련하고 부처님과 제자들을 초청했다. 부처님께서는 이번 공양에는 기꺼이 응하셨다.

−『잡아함』 장신경(長身經) 중에서

붓다는 이 둘의 양극단을 배제한 중도의 길을 제시하고 있다. 붓다 승단의 구성원들은 육식을 일부러 금할 필요가 없었다. 탁발에 의존하고 있으면서 이것저것 따질 수가 없는 현실을 감안한 것이리라 보인다. 오히려 완전한 채식을 포함하여 계율의 혁신적인 강화를 요구하는 사촌 데바닷타의 주장을 실현가능성이 떨어진다고 하여 물리친다.

붓다는 승단의 구성원에게는 불살생을 가르치지만 재가신도들에게 살생과 관련 있는 직업에 관여하지 말라는 정도로 비교적 가벼운 길을 제시한다. 고차원의 가르침이더라도 실현가능성이 떨어지면 따르는 자의 수가 적고, 그렇게 되면 세월이 흐른 후 흔적도 없이 사라질 수 있기 때문이다. 자이나교의 극한적인 생명존중의 교리가 아직까지 남아있기는 하나 지극히 제한된 장소와 지극히 제한된 사람에 국한되어 있는 반면, 붓다의 자비사상에서 출발한 불살생은 세계인의 가슴속에 싹트고 확대되고 있는 추세이다.

기독교는 세계가 창조되었고 따라서 불변한다는 믿음 위에 기초하는 반면, 불교는 모든 것이 변하며(無常) 상호의존에 의하여 존재한다(緣起)는 이론에 기초한다. 따라서 기독교와 진화론은 서로 상충하지만, 불교의 무상과 연기이론은 생명체와 주변의 환경이 지속적으로 상호작용한다는 점에서 진화론과 서로 통하는 점이 많다.

한 가지 예를 들면 창조론의 불변사상에 의하면 사마귀도 꽃 사마귀, 잎 사마귀, 왕 사마귀, 애기 사마귀, 갈색 사마귀, 녹색 사마귀, 변색 사마귀 등 사마귀목에 속하는 천 종류가 넘는 모든 사마귀를 동시에 만들어냈어야 한다. 반면 불교의 무상이론에 의하면 '모든 것이 변한다'고 한마디만 하면 모든 것이 수용된다.

이것은 마치 지동설과 천동설의 복잡성 비교를 연상시킨다. '지구가 돈다'고 하면 모든 것이 한마디로 해결되지만 '하늘이 돈다'

고 하려면 하늘에 수억의 별이 있는데 지구에서 먼 별은 빨리, 가까운 별은 천천히, 중간의 별은 중간의 속도로 돌아서 그 모양새를 흩트리지 않고 유지해야 한다. 둘 중 하나는 불가능한 것으로 보인다. 따라서 어느 것이 진리인가는 자명하다. 설명이 길고 복잡해서 난해하다면 일단은 의심을 해보아야 한다.

그렇지만 진화론과 불교의 교리가 상충하지 않고 통하는 점이 많다고 해서 이들 둘을 억지로 엮으려 들어서는 안 된다. 출발점은 같으나 지향하는 방향은 서로 다르기 때문이다. 만약 이들 둘을 엮는 노력을 하면서 그 노력 속에 불교를 내세우려는 어떤 의도가 있다면 그것은 창조과학과 다를 바가 없어진다. 그렇게 되면 아인슈타인이 달려와서 교통정리를 하려고 할 것이다. 자연과학과 불교는 서로 일정 거리를 두고 격려를 해주는 관계를 유지해가야 할 것이다.

불교의 수행은 집중한 정신력으로 자신의 내면을 관찰하여 지혜를 증득하는 과정이다. 이렇게 증득한 지혜로 마침내 마음을 다스릴 수 있는 경지에 이르는 것이 궁극의 목표이다. 불교에서 삼천대천세계의 우주관과 수미산의 지구과학이 많이 인용되기는 하나 그것이 탐구의 대상은 아니며 마음을 다스리는 과정을 가르치는 과정에서 인용될 뿐이다.

유정의 출현으로부터 변화·발전 과정을 탐구하는 진화론도 마찬가지이다. 반면 기독교는 천지창조와 인간이 창조된 과정이 그 교리의 축을 이루고 있기 때문에 자연과학과는 숙명적으로 일정 거리를 두고 바라보고 있을 수만은 없는 관계가 된다. 그렇지만 교황청이 지동설과 화해를 했듯 기독교계가 진화론과 서로 화해할 때가 온 것 같다.

미국의 경우에는 창조주의자들의 압력으로 아폴로 11호가 1969년 10월에 달 착륙에 성공하기 불과 2년 전인 1967년까지, 과학 교과서를 통제할 수 있는 '반진화론 법'이 존속해 있었다. 영국과 프랑스 등 유럽의 교회와 성당들이 20세기 말 이후 갑자기 텅 비기 시작하는 이유는 기독교의 과학과의 충돌, 특히 진화론과의 엇갈림에 그 이유가 있다는 것을 부정하기 어렵다.

의사과학(擬似科學, Pseudoscience)

의사과학 이야기가 많이 나왔으니 짚고 넘어가는 것도 좋을 것 같다. 과학적 방법론은 관찰-이론-실험-재현까지를 요구한다. 그래서 아직 입증이 안 된 통일장이론이나 초끈이론 등은 과학 변두리의 경계선에서 대기하고 있어야 한다.

20세기 들어 큰 유행을 이룬 정신분석학도 그 자체로는 이미 사회에 큰 공헌을 하고 있으나 입증의 문제로 과학의 영역에 역시 들어오지 못하고 있다. 만약에 어떤 다른 목적에 과학을 이용하려 하거나 입증이 덜 된 학설을 현실에 적용하려고 들면 그것은 의사과학(擬似科學, Pseudoscience)또는 사이비과학으로 간주된다. 점성술, 연금술, 창조과학 등이 그것이다. 의사과학에 대한 아인슈타인의 견해는 다음과 같다.

"이러한 의도에는 어떤 정신병리가 있다. 과학의 공리를 어떠한 목적에 이용하려는 인간의 시도는 잘못되었고 비난받아야 한다."

만약에 불교의 이론이 옳다는 것을 입증하려고 자연과학의 공리를 이용하려 하거나 조금이라도 입증이 덜 된 자연과학의 공리를 불교이론에 끼워 맞추려는 시도를 한다면, 그것은 옳은 것이 아니다.

의사과학 이야기 중에는 화물숭배과학(Cargo Cult Science)이라는 재미있는 예가 있다. 세계대전 중 남태평양의 어느 섬에 미군들이 활주로를 만들고 비행기를 이착륙시켰는데 미군들이 철수한 뒤에도 원주민들은 비행기(신비한 물건, Cargo)를 그리워하였다. 그래서 활주로와 비슷하게 꾸미고, 양쪽에 불(유도등)을 피우고, 오두막(관제탑)을 지었다. 대나무로 만들어진 안테나도 세우고, 나무 조각으로 헤드폰처럼 만들어 머리에 썼다. 원주민들이 할 수 있는 한도에서 비행장을 모두 흉내 낸 것이다. 그러나 비행기가 여기 착륙할 리가 없었다.

자연과학의 원리를 완전히 이해하지 않고 피상적으로 접근하게 되면 누구라도 남태평양 원주민의 우를 범할 수 있다. 작금의 창조과학과 중세기에 수백 년간 이어온 연금술이 그 대표적인 것이다.

일체개고(一切皆苦)

붓다는 이 우주 전체와 인간의 마음속까지 면밀히 관찰한 후, 우주를 창조한 절대적이고 초월적인 존재가 없다는 것을 마침내 알아냈다. 그렇기 때문에 더는 의지할 곳이 없는 인간들은 자신에게 닥쳐오는 모든 고통을 스스로 해결해 나가야만 한다. 그 누구도 그 무엇도 도와주거나 고통을 대신해 줄 수 없다. 만약 어떤 초월적인 존재가 있어서 현세의 고통을 덜어주거나 내세에 덜어주겠다고 확실한 약속을 한다면 그것은 일체개고가 아니다. 그렇게 믿고 다소간 기쁘게 살아갈 수도 있겠으나 붓다는 차마 그렇게 하지 않았다. 자신이 발견한 진리와 어긋날 가능성 때문이다.

우선 여기에서 우리는 붓다가 말한 고(苦; 인도어로 둑카[duhkha])의 개념을 짚고 넘어갈 필요가 있다. 이 둑카는 육체적인 아픔(pain)만을 뜻하는 것이 아니며 고의 반대되는 개념인 낙(樂)까지 포함하는 포괄적인 의미를 담고 있다. 이 괴로움(苦)은 우리가 흔히 생각하는 즐거움(樂)의 반대되는 개념이 아니라는 것이다.

인도어로 둑카(duhkha)의 반대되는 개념은 샨티(shanti; 평화)이다. 따라서 일체개고라고 할 때 고는 육체적인 고통을 포함하여 복잡, 부산함, 흥분됨, 긴장됨, 무서움, 화남, 절망적임, 허전함, 치욕적임 등에 추가하여 쾌락의 의미까지 포함한다.

저명한 우리나라 불교철학자 한 분은 이 고를 '살려고 발버둥치는 것'이라고 정의하였다. 손바닥만 한 애완견이 초롱초롱한 눈빛으로 주인을 쳐다보며 꼬리를 친다. 심지어 별로 춥지도 않는데 바르르 떤다. 그 모습이 너무도 애처롭고 사랑스러워 주인은 '평생을 너와 함께하마'라고 속으로 맹세한다. 이 애완견이 세상을 살아가는 데 선택한 탁월한 한 방식, 그것이 바로 고라는 것이다.

그러나 덩치가 큰 맹견이 그렇게 하면 쓸모없는 놈이라고 오히려 도태될 가능성이 커진다. 맹견의 경우에는 그 타고난 위용을 이용하여 쾅쾅 짖음으로써 도둑을 지키고 적들을 물리쳐 주인을 보호하는 신뢰성을 나타내 보여야만 살아남을 수 있다. 그런 각도에서 보면 꽃들이 아름답게 피는 것도 그들 나름대로 존재를 위한 피눈물 나는 생존의 전략인 고(苦), 그 자체인 것이다.

저 빠른 물살을 거슬러 올라가며 살아가는 은어떼를 보라! 잠시 동안의 방일도 그들에게는 허용되지 않는다. 천지가 깜깜한 밤이 와도 그들은 쉬거나 잠들 수 없다. 전신의 근육을 매 순간 움직여서 아래로 떠내려가지 않고 버텨야 한다. 그러는 와중에 먹이활동도 해야 하고 번식활동도 해야 하며 다른 고기에게 잡아먹히지 않도록 주변도 항상 경계해야 한다. 그러니 잠시라도 휴식할 수도 없고 잠들 수도 없다. 그들에게 눈꺼풀이 아예 없는 이유를 이제 알 것 같다. 은어들에게 찰나의 평온조차 허용되지 않는다. 이것이 둑카의 본질인 것이다.

우리의 삶은 은어의 삶보다 훨씬 나은 것 같지만 사실은 별반 다를 바가 없다. 자연을 거슬러 오르지 않고는 무엇 하나도 이루어지지 않는다. 심지어 우리가 의식하지 않고 하는 호흡도 그러하다. 잠시 게으름을 피워 호흡하는 것을 쉬면 잠시 만에 죽고, 몇 시간 뒤부터는 육신이 썩기 시작할 것이다. 아들딸들이 문상객들에게 "아버님께서 어제 저녁 식사를 잘 하시고는 숨을 게을리 쉬시다가 그만 돌아가셨습니다"라고 이야기하려면 얼마나 창피하겠는가? 그러니 무슨 일이 있더라도 숨 쉬는 일만은 놓치지 않아야 한다.

학창시절에 하는 공부도 그러하다. 벌집같이 생긴 독서실 칸막이마다 머리를 박고 공부에 몰두하고 있는 학생들의 모습은 떼를 지어 급류를 거스르고 있는 은어떼와 본질적으로 다를 바가 없다. 타고난 머리의 차이는 물론 있겠지만 누가 더 엉덩이 무겁게 의자에 눌러앉아 오래 책을 파고드느냐의 경쟁이다. 더 나은 삶을 추구하기 위하여 남들보다 더 오랫동안 현재를 희생할 각오가 서면 고시준비 등 더욱 험한 고행의 길을 스스로 선택한다.

학생들은 졸업만 하면 지겨운 공부가 끝나고 해방될 것으로 착각하지만 그 뒤에 이어지는 직장생활은 실수를 용납하지 않는 실제상황이며 더 험악한 정글이다. 차라리 학교 다닐 때가 좋았다는 생각이 절로 날 것이다. 그러면 퇴직 후는 편안한가? 천만의 말씀이다. 고독과 우울 속에서 매일 직장 다닐 때를 회상하며 그리워한다. "은퇴 후 매일을 더욱더 재미있고 보람차게 삽니다"라고 인터뷰하는 사람이 있다면 거짓말을 하고 있다고 봐야 한다.

그러다 생의 마지막 날 딸깍 숨이 멈추고 뇌파가 풀려 평지를 이루면 비로소 최초로 진정한 샨티가 찾아오는 것이다. 그 전에는 어림도 없다. 그것이 삶의 본질을 이루는 둑카인 것이다.

우리의 몸에는 우리가 의식하지 않더라도 스스로 알아서 움직이는 자율신경계가 있다. 이들 자율신경계는 그 중추를 대뇌에 두지 않고 생명 중추인 중뇌와 연수에 둔다. 자율신경계는 교감신경계(Sympathetic Nerve System)와 부교감신경계(Parasympathetic Nerve System)로 이루어지는데, 교감신경계는 대체로 둑카를 관장하고 부교감신경계는 대체로 샨티를 관장한다고 볼 수 있다.

중국, 한국, 일본 등 한자문화권에서는 고와 낙이 서로 반대되는 개념이어서 인도에서 고와 낙을 묶어서 '둑카' 하나의 단어로 표현하는 것이 기이하게 느껴지겠지만, 신체 내부의 시스템은 기이하게도 인도의 둑카-샨티의 분류 쪽에 손을 들어주고 있다. 언어의 세계는 그다지 믿을 바가 못 되는 모양이다.

교감신경계(둑카 관장)	부교감신경계(샨티 관장)
심장박동 촉진	심장박동 억제
근육의 긴장	근육의 이완
동공 확대	동공 축소
소화 억제	소화 촉진
생식기능 억제	생식기능 촉진

〈교감신경계와 부교감신경계의 작용〉

인류의 조상이 사냥을 나갔다가 운 나쁘게 호랑이와 딱 맞닥뜨린다. 머리털이 곤두서고 심장이 벌렁벌렁 뛴다. 침이 바짝 마르고 호흡이 가빠진다. 교감신경이 명령한다.

"싸워라!"

"무슨 소리야! 안 돼!"

"안 돼? 그럼 빨리 도망가!"

위험했던 순간이 어찌어찌 지나가면 흥분이 가라앉고 신체가 정상으로 돌아온다. 주변의 물체도 눈에 들어오고 밥도 먹을 수 있게 된다. 부교감신경이 찾아온 것이다. 교감과 부교감신경계는 심장이면 심장, 근육이면 근육, 한 개의 기관에 자기들끼리 서로 밀고 당기고 길항작용하면서 인체의 항상성을 유지해간다.

교감신경계가 작용하는 메커니즘은 다음과 같다. 교감신경계가 뇌하수체에 부신피질 자극호르몬을 내게 하고 이에 자극받은 부신피질은 노르에피네프린이나 코르티솔과 같은 스테로이드 계통의 스트레스호르몬을 분비한다. 이 호르몬이 혈액을 타고 흐르면 우리는 긴장하고 흥분한다. 이 스트레스호르몬이야말로 우리의 생명을 단축하는 죽음의 호르몬이다.

고양이 앞의 쥐가 어리바리하면서 '날 잡아 잡쉬' 하는 듯 움직이지 못하는 경우가 있다. 스트레스호르몬이 단시간에 지나치게 많이 분비된 경우인데, 이렇게 되면 생명보호에 도움이 되는 것이 아니라 오히려 해가 된다. 직장 상사 앞에서 지나치게 긴장하는 부하 직원, 청중들 앞에서 얼어붙어 밤새 준비했던 연설문을 다 까먹은 연사, 카메라만 돌아가면 혀가 꼬이는 초보 연예인……. 이들 뒤에는 스트레스호르몬 즉, 죽음의 호르몬이 있다. 그 배경을 일단 알면 해결방법을 모색할 수 있다.

그런데 우리는 어떠한가? 불로 뛰어드는 부나비 같이 이 스트레스호르몬을 찾는다. 생각해 보자. 영화관에 영화를 보러 갔는데 온통 평화로운 광경이 처음부터 끝까지 두 시간 동안 지속된다면 누가 그 영화를 보러 가겠는가? 알프스의 아름다운 풍광을 그린 영화 〈사운드 오브 뮤직〉도 아름다움과 평화로움만 있었으면 관객이 들지 않을 것이고 영화로 성공할 수 없었을 것이다. 그래서 영화의 중반이 넘어서면 상황이 반전되면서 숨 가쁘게 쫓겨 다니는 장면들이 나오는 것이다.

반면 톰 크루즈가 나오는 통쾌하기 그지없는 블록버스터 영화를 보면 시종일관 스트레스호르몬의 분출을 강요한다. 이렇게 스트레스호르몬을 쥐어짜내지 않으면 영화도 천만 관객을 모으기가 어렵다. 영화 〈괴물〉, 〈실미도〉, 〈해운대〉, 〈도둑들〉 등이 그러한 천만 관객을 모은 영화들인데, 관객 수와 스트레스호르몬과의 관계는 깊지만 영화의 작품성과는 아무런 관계가 없는 듯하다.

-고(苦)에 대한 단상

당신에게 누가 "당신은 죽고 나서 다시 태어나기를 원합니까?"라고 갑자기 묻는다면 대답하기가 난감할 것이다. 그토록 귀한 생을 거저 얻는 것이니 얼른 원한다고 해야 할까? 아니면 지긋지긋했던 지난날을 생각하면서 싫다고 해야 할까? 잠시 망설이게 될 것이다. 아무튼 답변하기가 그렇게 쉽지는 않을 것이다.

브라만교의 기저에는 아트만(자아), 삼사라(윤회), 목카(해탈)라는 세 가지 관념이 자리하고 있다. 육체와 별개의 존재인 영혼이 있고, 이 영혼은 육체를 바꾸어가며 다시 태어나기를 반복한다. 수행을 하는 궁극적인 목적은 이 윤회를 끊고 적멸하는 해탈이라는 것이 브라만교의 기본적인 관념이다.

불교가 브라만교와 가장 다른 것은 바로 자아와 무아의 차이이다. 만물에 고유한 불변의 자성(自性)을 브라만교는 교리의 근간으로 삼는 반면, 불교는 이것을 정면으로 부정한다. 한편 불교는 윤회를 방편으로 받아들인다. 수천 년간 인도인의 뇌리에 뿌리 깊게 박혀있는 그 사상을 부정하기가 현실적으로 어려웠기 때문으로 생각된다.

브라만교는 수행의 최고목표를 윤회의 사슬을 끊고 다시 이 세상에 태어나지 않는 해탈에 두고 있다. 그러한 생각의 이면에는 인생을 부정적으로 보는 생각이 짙게 깔려있다. 살면서 공덕을 많이 쌓아 더 나은 생으로 수차례 반복해서 살아봤지만 그래도 별 수 없더란 이야기이다. 매번 속임을 당해 지긋지긋한 삶을 반복해서 살아봤지만 역시 태어나지 않는 것이 최고라는 것이다. 그래서 윤회는 허무주의적인 사고방식을 바탕에 깔고 있다고 볼 수 있다.

불교는 브라만교의 이러한 허무주의에서 출발하여 세상을 지배하고 있는 일체개고라는 진리를 찾아내어 교리의 출발점으로 삼는다. 왜 일체개고일까? 왜 일체개락이나 일체평화라는 말은 없고 일체개고라는 말만 있는 것일까?

우선 동물의 세계를 살펴보고 힌트를 얻어보자. 인간의 세계보다 덜 복잡한 간단한 모델로서 동물의 세계를 살펴보자는 것인데, 만약 창조주가 있다면 하나를 보고 열을 알 수 있듯이 그것을 통해 창조주의 의지를 엿볼 수 있을 것이다. 또 창조주가 없다고 하면 우주법계를 관통하는 일종의 로고스 같은 것을 그 속에서 찾아낼 수가 있을 것이다.

현재의 인류는 오래 전에 다른 동물에 의해 잡아먹히는 공포에서 벗어났다. 그러나 인류의 집단 무의식 속에는 아직도 그때의 공포가 각인되어 있어 가끔 괴수로부터 식은땀을 흘리며 쫓기는 꿈을 꾼다. 이것은 민족이나 종족이나 관계없이 나타나는 현상이다. 또한 수렵시대의 기아 상태도 우리의 DNA 속에 각인되어 있다. 모든 것이 풍족해진 지금은 그럴 필요가 전혀 없는데도 먹기만 하면 아랫배에 지방이 쌓인다. 몸은 내일 또는 모레 굶을 것에 대비하는 것이다. 머리는 다이어트를 생각하고 있으나 몸은 지방축적을 한다. 머리가 시키는 말을 듣지 않는 것이다.

이로써 진화론과 동물세계의 일체개고에 관한 나흘째의 보고가 끝났다. 붓다께서도 오늘 보고에 감회가 남다르신 듯 고개를 중간중간에 여러 번 끄떡이셨다. 모두 붓다의 말씀에 귀를 기울인다.

불살생의 계

세상은 서로 잡아먹는 무섭고 잔인한 곳
어느 유정(有情)도 어미의 보살핌이 없으면
홀로서지 못한다
나의 친모께서 나를 낳고 이레 만에 세상을 버려
우주와 나의 탯줄은 일찍 끊겼다
그리하여 나의 어린 시절은 말이 없고
사색적이며 감수성이 남달랐다

어미 잃은 나 자신을 생각한 듯

다친 벌레를 보고 남몰래 눈물을 흘렸고

노인과 병자를 보고 괴로움에 못 견뎌 하였다

나의 뒤의 일은 그때 이미 정해진 것이다

그대들은 자비의 마음으로 생명들을 보라

어느 생명인들 아프지 않은 생명이 있느냐?

그러나 자신이 아파보지 않으니

그 아픔을 알 수가 있겠느냐?

오늘 나를 만난 모든 이여

앞으로 살생을 하지 않도록 마음에 새겨서

인간정신의 한 단계 진화를 이루도록 하라

6. 우주의 생멸과 십이연기(十二緣起)

오늘은 여래께서 끝내 무기(無記)하셨던 우주의 생멸에 대해 그간 저희들이 알아본 바를 보고드리도록 하겠나이다. 사실 우주의 생멸이 저희가 살아가는 것과 무슨 큰 관련이 있겠습니까? 어떻게 보면 모두 공론인 것이 사실입니다. 하오나 호기심은 인간의 본질이라 누구나 한번쯤은 이 우주가 어떻게 해서 생겨났을까, 이 우주의 끝은 어떻게 되는 것인가 하는 생각에 빠져본 적이 있습니다. 다만 공부를 할수록 우주는 어떤 초월적인 존재에 의해서 창조된 것이 아니고, 다만 연기에 의해 전개될 뿐이라는 여래의 가르침을 조금씩 깨달아갈 뿐이옵니다.

전면 스크린의 화면은 영화 〈그래비티〉의 첫 장면인 우주선 밖의 유영 장면이다.

빅뱅이론

"영화 〈그래비티〉는 주인공 산드라 블록이 우주선 밖을 유영하면서 낡은 허블 망원경을 수리하는 장면부터 시작된다 하옵니다. 허블 망원경은 지상으로부터 610km 떨어진 궤도를 도는 인공위성에 장착되어 있다 하옵니다."

허블 망원경의 주 거울의 지름은 2.4m에 불과하지만 대기의 영향이 없는 곳인 관계로 지상의 어떠한 망원경보다도 뛰어난 해상도를 가지고 있다. 1990년 허블 망원경이 공중에 설치되어 우주의 장관을 지구로 전송하기 시작하자 천체물리학계는 그야말로 끓어오르기 시작했다.

허블 망원경의 가장 큰 성과는 우리가 그것을 통해 우주의 과거를 엿볼 수 있게 되었다는 점이다. 천체를 면밀하게 관찰하던 과학자들은 먼 쪽에 있는 별일수록 적색편이 현상이 강하게 나타나는 것에 주목했다. 적색편이는 빛의 도플러 효과로, 그것이 나타나면 물체가 관측자부터 멀어지고 있다는 것을 의미한다. 물체가 멀어지면 관측자에게는 파장이 길어져서 적색을 띠게 된다. 멀리 있는 별일수록 더 빠른 속도로 멀어진다. 2배 멀리 있는 별은 2배 빨리, 5배 멀리 있는 별은 5배 빨리 관측자로부터 멀어지고 있다.

현재 우주의 모든 별들이 서로 멀어지며 팽창하고 있다는 점에

착안하여, 팽창하는 모든 별들의 운동을 시간적으로 되돌리면 모두가 한 점에서 만나는 시점을 상정할 수 있다. 이것이 빅뱅이론의 개념이 생겨나게 된 배경이다.

별들끼리 멀어지는 현상과 더불어 예상치 못했던 우주배경복사[48]의 우연한 발견과 퀘이사[49], 펄사[50]의 잇단 발견으로 빅뱅이론은 탄탄한 기반을 구축하며 물리학계의 이론 중 하나로 받아들여지게 된다.

빅뱅이론은 뜻밖에도 로마교황청에서 희색이 만면하여 반기고 있다고 한다. 성서의 창세기에 나오는 '빛이 있어라'는 장면과 흡사하기 때문이라고 하는데, 그것 때문에 많은 천체물리학자들이 내심 불편해하고 있다. 반면 불교계에서는 빅뱅이론에 대해 다소 고개를 갸우뚱하며 불편하게 생각하는 듯하다. 불교이론과 유일하게 맞지 않는 과학부분이 바로 이 빅뱅설이다. 빅뱅설은 연구가 아직 진행 중이라서 과학자들에게 빅뱅 전후의 우주 상태를 자세히 설명하라고 다그치면 실례가 된다. 과학이 창조의 순간을 명백

---

48) 우주배경복사(背景輻射): 대폭발 우주론에서 대폭발 이후 현재까지 남아있는 것으로 여겨지는 대폭발의 흔적. 이 흔적은 전자기파의 형태로 현재의 우주를 채우고 있다고 여겨진다. 이 전자기파는 1965년에 미국의 윌슨과 펜지아스에 의해 검출되어 대폭발 이론의 타당성을 뒷받침하는 중요한 증거가 되고 있다.
49) 퀘이사(준항성체): 아주 먼 거리에 있지만 높은 광도와 강한 전파방출이 관측되는 희귀한 천체이다.
50) 펄사(맥동전파원): 고도로 자기화된 관측 가능한 전파의 형태로, 전자기파의 광선을 뿜는 자전하는 중성자별이다.

하게 보여주는 그런 일은 앞으로도 영원히 없을 것이다.

그렇더라도 과학자들로부터 빅뱅 전후의 우주 상황에 대해 조금 더 들어보기로 하자. 빅뱅설을 주장하는 물리학자들은 양자진공이라고 하는 진공 상태에서 우주가 시작되었다고 한다. 이 양자진공은 어떠한 물질도 포함하고 있지 않은 대신 에너지로 가득 차 있는 상태이다. 빅뱅 전 우주의 상태는 질량은 없고 에너지로 꽉 찬 상태, 들끓는 원시 혼돈의 상태, 극소형의 원시원자 상태 등이 이야기되고 있는데, 시간은 아직 이 속에 붙잡혀 있어 출현하지 않고 있다.

최초의 폭발 단계에서는 소위 플랭크의 벽이라고 하는 인식의 벽이 존재한다. 플랭크의 시간은 최초의 폭발 후 10^{-43}초를 말하는데, 그 시간 동안의 물질과 빛의 운동을 기술할 수가 없다. 이 플랭크의 시간 내에서는 우주의 4가지 힘 즉, 약한 핵력, 강한 핵력, 전자기력, 중력이 동일하게 작용하고 있었다고 가정된다.

그 후 믿을 수 없을 만큼의 엄청난 에너지의 팽창단계가 나타난다. 어느 정도 팽창이 진행되고 난 후 온도가 내려가고 비로소 물질이 나타나기 시작한다.

에너지와 물질의 교환

에너지는 물질과 등가로 교환될 수 있는 가능성을 가지고 있다.

바로 아인슈타인의 유명한 공식 $E=mc^2$에 의해서다.

국제 MKS 규격단위에 의하면 Joule=kg×(300,000,000m)^{2}가 된다. Joule이란 단위는 너무 섬세하여 우리에게 잘 와 닿지 않는다. TNT의 폭발 위력을 톤수로 환산하면 1g의 물질은 TNT 21,000톤의 폭발 위력과 같은 양의 에너지로 환산된다. 등가교환이라고는 하지만 물질은 생각했던 것보다 꽤 비싼 가격에 에너지와 교환될 수 있나 보다.

히로시마에 터진 원자폭탄 '리틀보이'의 위력은 TNT 15,000톤 규모인데 이는 0.7g에 불과한 물질이 에너지화한 것이다. 핵폭발 과정에서 우라늄이 여러 종류의 저분자물질과 중성자들로 나뉘는데 이들 모두를 합해도 원래 우라늄에 비해서 극소량이 사라지는 질량결손 현상이 나타난다. 이 결손된 질량이 모두 에너지화한 것이다. 1kg의 물질이 모두 에너지화하면 TNT 2천 만 톤에 해당해 능히 지구를 쪼갤 정도의 위력일 것으로 생각된다. 당신의 몸무게가 60kg이라면 이는 TNT 12억 톤에 해당하며, 당신의 몸이 일시에 에너지로 발산된다면 태양계 전체가 날아갈 수도 있을 것이다. 당신의 잠재력을 이제 이해했다면 우주의 평화를 위해 제발 분노를 자제하시라.

아인슈타인의 상대성원리

시간과 공간에 대해서 생각할 경우, 둘은 별개의 것이라는 생각이 우선 든다. 공간은 사방팔방 아래위의 공간일 따름이고 시간은 그 공간과는 관계없이 째깍째깍 흘러갈 뿐이다.

그러나 1905년 아인슈타인이 특수상대성원리를 발표하면서 그러한 개념이 흔들리기 시작한다. 시간이 우주 안에서 저절로 흘러간다고 생각되었지만 사실 시간과 공간과 무관한 것이 아니고 상호간에 어떤 함수관계로 이어진다는 것이다. 시간과 공간이 결합되어 있어 서로 교환될 수 있다는 이야기이다.

물체가 더 빠른 속도로 갈 때 시간은 더 느려진다고 아인슈타인은 말한다. 예를 들면 우주선을 타고 광속의 87% 정도의 속도로 달리는 사람에게 시간은 반으로 느리게 흘러간다. 만약 지구에 남은 다른 쌍둥이가 있다면 그는 우주선 속에 있는 쌍둥이보다 2배 빨리 늙게 될 것이다. 공간 또한 가변적으로, 시간이 빨리 갈수록 공간은 줄어든다. 쌍둥이 중 하나가 우주선을 타고 빛의 87%의 속도로 달릴 적에 2배 덜 늙을 뿐 아니라 그의 공간이 수축된다. 그 우주선은 지구에 남아있는 쌍둥이에게는 반으로 줄어든 것처럼 보인다. 줄어든 공간은 늘어난 시간으로 변형이 된 것이다.

아인슈타인의 특수상대성이야기를 들으면 무착(無着)이 미륵보살이 있는 도솔천에 다녀온 이야기가 연상된다. 거기서 대승경전

의 큰 부분인 미륵경전 5부를 얻었는데, 모두 차 한 잔 마실 시간
에 일어난 일인데 땅에 돌아오니 50년이 지나있었다고 한다. 앞에
서 예를 든 아인슈타인의 우주선보다 훨씬 더 빠른 속도로 다녀왔
음이 분명하다.

불교의 시각

불교에서는 무에서 유의 창조란 있을 수 없다고 본다. 불교 최고
의 지혜경전 『반야심경』에서도 불생불멸(不生不滅)을 강조하고 있
다. 다소 사변적이기는 하나 만약에 무라고 하는 것을 가정하면 그
무는 변화될 수 없는 것이라야 한다. 무에서 어떤 것이 나타났다고
하면 그것은 무엇이 잠재하고 있었다는 것을 의미한다.

불교의 경전을 아무리 뒤져보아도 우주의 전개과정은 나올지 모
르지만 최초의 시작에 대한 설명은 없다. 왜냐하면 최초의 시작이
라는 개념 자체가 잘못된 것으로 보기 때문이다. 불교에서는 세계
를 무한히 연속되는 우주들 가운데 하나로 보며, 만약 빅뱅이 최초
의 시작이 아니라 잇달아 일어나는 세계의 시작이라는 의미의 스
몰뱅(Small Bang)이라면 충분히 가능한 이야기가 될 수 있다고 받
아들인다. 어떤 폭발이 있다 하면 그것은 한 국면에 불과할 것이므
로 오로지 그것을 전후한 변화만이 존재할 뿐이라는 것이다.

붓다께서 우주의 시초나 빅뱅이론에 대한 토론을 들으셨다면 틀림없이 아무 말씀 없이 무기(無記; Avyakata)하셨을 것이다. 『아함경』에 의하면 '세계는 시간적으로 유한한가, 무한한가?', '영혼과 육체는 같은가, 다른가?', '여래(如來)는 사후에도 존재하는가, 존재하지 않는가?' 등 10가지 질문에 대해 붓다께서는 침묵으로 일관하셨다. 무기하신 이유는 이러한 형이상학적인 문제가 인간의 경험과 인식을 초월해 있기 때문에 해결할 수 없으며 비록 어렵게 해결한다 하더라도 고통의 해소나 수행에 있어서 전혀 도움을 주지 않기 때문이다.

여기에서 우리는 붓다의 관심사와 의도하고 계신 바를 확실하게 짚어낼 수 있다. 지구라는 이 가혹한 별에서 살아남기 위해서는 생을 스스로가 책임지고, 수행을 통해 마음의 평화를 증득하라는 것이다. 그 밖의 모든 형이상학은 필요 없는 것이라는 말씀이다.

삼세제불 의반야바라밀다고

『반야심경』의 '삼세제불(三世諸佛) 의반야바라(依般若波羅)' 부분에 이르면 너무나도 큰 시공의 크기 앞에 가슴이 먹먹하고 정신이 아찔해 온다. 삼세란 과거세, 현재세, 미래세의 세 개의 세상을 의미한다. 그런데 여기서 과거세라고 하면 그냥 단순한 과거에 있었던 세계 정도를 뜻하는 것이 아니라 현재의 세계가 있기 전 한차례의 성주괴공의 과정을 마친 세상을 의미한다. 미래세라고 하면 현재의 세계가 성주괴공을 마친 후에 다시 생겨나는 세상을 의미한다.

성주괴공(成住壞空)은 불교의 장엄한 우주관인데, 세계가 성립되는 지극히 긴 기간인 성겁(成劫), 머무르는 기간인 주겁(住劫), 파괴되는 기간인 괴겁(壞劫), 파괴된 후 아무것도 없는 공겁(空劫)을 말한다. 즉, 인연에 의하여 형상을 이루어가는 성의 시기, 물질적 현상이 구체화됨으로써 일정기간 동안 형상이 지속되는 주의 시기, 인연에 의해서 형상이 와해되는 괴의 시기, 와해된 이후 눈에 보이는 것은 없지만 아무것도 없는 것은 아닌(非有非無) 공의 시기가 차례로 이어지며 순환을 거듭한다는 것이다.

삼세제불 할 때 과거불이라고 하면 현재의 태양과 지구가 생기기 전에 있었던 세계를 의미한다. 그때 행성에 살았던 고등생물이 우리와 똑같은 인간이라고 생각한다면 그것은 너무나도 부족한 상상력의 소치라고 할 수 있다. 과거불이라 할 때 그 부처님은 두족류 형태의 생명체일 수도 있고 이티 형태의 모습을 하고 있을 수도 있지만 우리가 그것을 알 수는 없다. 다만 현세의 부처님과 같이 아뇩다라삼먁삼보리의 무상정등각을 얻기 위해서 오랜 세월 동안 진화를 거듭하여 전두엽이 커져 있는 상태의 고등유정일 것이라는 가정은 해볼 수 있다.

미래불도 마찬가지이다. 과거불이나 현세불이나 미래불도 반야바라밀다에 의하고서야 무상정등각을 얻을 수 있고 그 반야바라밀다의 핵심은 공이다. 이것이 불교 최고의 지혜경전인 『반야심경』이 말하고 있는 핵심이다. 색이 공이고 수상행식도 공이다. 이것은 우주의 심오한 궁극의 진리이기 때문에 인간이건 두족류이건 이티건 깨닫는다고 하면 결국 이것을 깨닫는다는 것이다.

현대과학에서는 별이 생성되고 유지되고 소멸되는 한 생애를 대개 100억 년 정도로 잡는다. 태양의 현재 나이는 50억 년 가까이 되었다고 한다. 지금의 태양이 소멸한 뒤에 다시 어떤 원인(인연이라 해도 좋다)에 의해 다시 생성되기 시작할 때까지의 공겁을 50~100억 년으로 가정한다면 미래불은 아무리 빨라도 150억 년 후(괴겁, 공겁, 성겁 각각 50억 년)에나 나타날 것이며, 인간의 형태가 아닌 다른 형태의 고등생물일 것이다. 과거불도 마찬가지이다. 최소한 150억 년 전에 과거불은 존재하였으며 그 모습은 우리가 구체적으로 상상할 수 없다.

붓다 시대 인도인들의 우주적 상상력은 황당무계한 것이 많은 것도 사실이지만, 21세기의 우리가 봐도 무릎을 칠 만큼 과학적이고 이치적인 것들도 많다. 성주괴공의 우주관도 그중의 하나이다. 아무런 과학적 도구나 서적도 없이 오로지 날 선 직관력 하나로 꿰뚫은 이 우주관은 차라리 불가사의라고 표현할 길밖에 없다.

한국천문연구원에서 정리한 '별의 일생' 이라는 내용에서 현대과학의 우주관을 한번 살펴보자.

단지 우리가 그 변화를 느끼지 못할 따름이지 별에게도 탄생과 죽음이 있다. 별의 탄생은 우주공간에 존재하는 가스와 먼지로 된 성간물질(Interstellar Medium)과 관련이 깊다. 이 성간물질의 밀도가 높아지면 물질의 운동에너지가 적어 비교적 쉽게 성간운이 수축하며, 중심의 수축부분이 일정 밀도에 이르면 압력이 증가하고 중력과 압력이 평형을 이루는 상태가 이루어진다.

별의 진화단계

• 원시성단계: 성간운이 수축하는 과정이 계속 진행될수록 중심온도가 올라간다. 1,800도 이상 올라가면 수소분자가 원자로 해리된다. 원시별의 중심은 계속 수축하며 주변의 물질을 계속 유입한다. 밀도가 높아질수록 온도는 점점 더 상승한다. 원시별의 주변에는 고밀도의 가스와 먼지가 둘러싸고 있다.

• 주계열 단계: 별의 중심부에서 수소의 핵융합반응이 일어나는 전체적인 진화단계를 말하며 별의 일생 중 가장 긴 시간을 차지한다. 보통 평범한 별들은 그 일생의 대부분을 중심부에서 수소를 헬륨으로 전환시키며 보낸다. 별의 내부 온도가 상승함에 따라 별은 조금씩 커지며 별의 광도가 조금씩 증가한다. 태양 또한 이러한 주계열 단계에 있으며 꾸준히 광도와 온도와 지름이 증가하고 있는 단계이다.

• 후주계열단계: 별 내부의 핵융합반응이 끝난 시점을 시작으로 마지막 진화단계를 말한다. 중심부에서 수소 연소가 끝나고 더 이상 에너지를 낼 수가 없어 핵은 수축하기 시작한다. 반면 별의 외부층은 팽창하고 광도가 증가한다. 이러한 별의 마지막 단계는 별의 초기질량에 따라 다양하게 나타난다. 무거운 별들은 상대적으로 성장 변화의 속도가 빠르다. 가벼운 별일수록 약하고 오래 에너지를 내기 때문에 일생이 길다.

• 별의 죽음: 태양과 비슷한 질량의 별은 적색거성으로 부풀어 오른 후 백색왜성이 되어 소멸해 간다. 태양 질량의 3~15배가 되는 별은 적색거성보다 더 큰 초거성이 되며 이후 초신성 폭발 후 중성자별이 된다. 태양 질량의 15배가 넘는 별의 종말은 중성자별 혹은 블랙홀이다.

성간물질이 있다고 반드시 별이 탄생하지는 않으며, 별이 탄생하려면 반드시 어떤 조건이 필요하다. 마찬가지로 별이 탄생되었다고 해서 반드시 유정(有情)이 출현하지 않으며 여기에도 조건이 필요하다. 유정이 출현할 수 있는 조건들 가운데 가장 중요한 대기, 물, 온도 등을 갖추기 위하여 어떤 행성이 어떤 항성의 골디락스 영역 내에 들어가야만 한다.

골디락스 영역이라는 말은 영국의 동화 '골디락스와 곰 세 마리'에서 유래한다. 이 동화에서는 '너무 뜨겁지도 차갑지도 않은 알맞은 온도의 수프'와 '너무 크지도 작지도 않은 알맞은 크기의 침대' 등이 등장한다. 태양을 예로 든다면 지구와 화성이 이 영역에 들어간다. 수성, 금성, 지구, 화성, 목성, 토성, 천왕성, 해왕성, 명왕성 가운데 수성과 금성은 너무 뜨거워 타서 죽고, 목성과 토성과 천왕성 등은 얼어서 죽기 때문에 유정의 출현은 불가하다. 밤하늘에 빛나는 항성들은 각기 저마다 골디락스의 띠를 가지고 있다. 외계인들의 존재를 탐구하는 천문학자들은 반드시 이 골디락스 영역 내의 행성들을 주목한다.

골디락스를 대표로 하는 이러한 조건을 불교에서는 인연이라는 말로 표현한다. 인연이라는 불교계에서 유독 많이 쓰는 용어가 다소 생소하게 느껴질 수도 있을 것이다. 인(因)은 직접적인 원인을, 연(緣)은 간접적인 원인을 의미한다. 용어의 생소함만 극복한다면 천문학과 불교이론은 어느 정도 통할 수 있다.

성간물질이 있어서 별이 탄생하였고 그 별의 골디락스 영역 안에 행성이 있어 유정이 출현한 것이다. 유정의 진화가 극에 달하니 각자 즉, 붓다가 출현하게 되는 것이다.

가장 빠르더라도 150억 년 후에 출현할 이티 또는 다른 어떤 형태의 생명체인 미래불을 생각하면 어떻게 가슴이 먹먹해지고 정신이 아찔해지지 않을 수 있겠는가? 그 새로운 생명체도 수십억 년간의 진화과정에서 생긴 공격성을 그 이후에 발달된 전두엽으로 제압한 자비로운 존재일 것임에 틀림이 없다. 여러분도 다음번에 『반야심경』을 읽거나 암송하게 될 때 삼세제불 부분이 나오면 이러한 느낌을 똑같이 가지게 되리라 여겨진다.

연기론

차유고피유(此有故彼有): 이것이 있으므로 저것이 있고,
차무고피무(此無故彼無): 이것이 없으면 저것도 없다.
차기고피기(此起故彼起): 이것이 생기므로 저것이 생기고
차멸고피멸(此滅故彼滅): 이것이 사라지면 저것도 사라진다.

연기론은 바로 붓다 정각의 핵심이다. 붓다가 깨달았다고 하면 바로 이 연기법을 깨달았다는 것을 의미한다. 이것은 모든 것의 상호의존성 즉, '서로 연관되어 함께 일어나다'는 의미의 산스크리트 말인 'pratitya sam-utpada'에서 나왔다. 나중에는 이것이 12연기론으로까지 이론화되지만, 초기불교 단계에서는 그렇게까지 세분화되지는 않았을 것으로 추정된다. 어쨌든 그 연기론의 개념만도 일반인에게는 굉장히 어려운 것으로, 붓다께서도 아무리 설명해봐야 알아듣는 사람이 없을 것으로 생각하여 설법하는 것을 주저하였던 부분이다.

이 연기론을 자연과학과 연결지어 보면 아직도 가설에 불과하다

고 할 수 있는 빅뱅이론을 제외한 모든 공리들과 대체로 맞아 들어간다. 무에서 유가 나올 수 없다는 불교의 성주괴공의 우주관과 천체물리학의 별의 일생은 시공을 초월하여 같은 이야기나 다름없다. 또한 연기론은 진화론과도 완벽하게 조화를 이루어 자연환경과 생명체가 상호 함께 나타남을 통해 공존의 관계를 보여주고 있다. 연기론에서 나오는 제반 과정(法) 자체로는 실체가 없다는 무아론은 뇌과학 또는 양자역학과도 일치한다.

달라이 라마의 연기론 해설을 들어보면 자연과학에 대한 그의 깊은 성찰이 배어있음을 느낄 수 있다.

이 세상의 모든 조건 지어진 사물들은 원인과 조건의 상호작용으로 결과로서 나타난다.

부분과 전체는 서로 간에 의존적이다. 부분과 전체의 상호의존성은 공간과 시간에 모두 적용된다.

존재하면서 '자기동일성'을 가진 것은 그 자체와 관련이 가능하거나 잠재적 관련이 있는 모든 것의 네트워크 속에서만 존재하고 자기동일성을 갖게 된다. 독립적이거나 본질적인 동일성을 가진 어떤 현상도 존재하지 않는다.

−달라이 라마의 연기론 해설

과학계에서 이야기하는 최초의 시작을 설명하는 빅뱅이론은 불교의 기본철학과 분명히 맞지 않는 부분이 있다. 그러나 그 뒤의 별들의 탄생과 유지 및 소멸 과정은 불교의 연기에 의해 모든 것이 전개된다는 우주관인 성주괴공 이론과 매우 잘 어울린다.

지구의 종말

지구 위의 생명도 영원히 지속될 수는 없으며 주겁이 끝나면 괴겁이 기다리고 있다. 태양이 적색거성으로 부풀어 오르면 호수도 바다도 끓어올라 말라 없어지고 뜨거운 열기 속에 모든 생명체가 절멸하는 시기가 올 것이다. 그 후 태양이 지구를 삼켜버리고, 이윽고 대폭발이 일어나 태양도 사라지고 몇십억 년이 될지 몇백억 년이 될지 모를 공겁이 계속될 것이다.

그 과정에서 형태는 달라지지만 질료(質料)는 증감 없이 그대로 우주공간에 존재한다. 바위를 구성했던 질료, 호수를 구성했던 질료, 인체를 구성했던 질료들이 가스와 먼지 형태로 공간에 떠서 억겁의 세월을 기다린다. 그중에는 찰나 간에 나를 구성했던 질료들도 섞여있다. 이들은 다시 뭉쳐져서 변화를 일으킬 수도 있고 아니면 그대로 영원히 계속될 수도 있다.

비유비무(非有非無)의 그곳에는 아무 생명이 없는 고로 아무 고통이 없으며, 고통이 없으니 고통을 이겨낸다고 애쓸 이유도 없다.

어리석음이 없으니 연하여 일어나는 십이연기도 없다. 깨달음이 어디 있겠으며 깨달음을 얻었다고 할 일 또한 어디 있겠는가? 같이 해서 두려움도 없으며 아무런 걸림도 없다.

삼세제불은 모두 여기를 거쳐 가야만 무상정등각을 얻을 수 있다. 『반야심경』은 삼세제불이 그곳을 지나가야만 부처가 될 수 있다고 하는 비유비무의 상황을 노래하고 있다. 『반야심경』은 시무상주(是無上呪)로 더 이상의 위가 없다. 속세에 사람이 속세의 몸을 가지고 아무리 독송을 한다고 그 경지를 볼 수 있을까? 불가한 일일 것이다.

마하반야바라밀다심경
摩訶般若波羅蜜多心經

관자재보살 행심반야바라밀다시 조견오온개공 도일체고액
觀自在菩薩 行深般若波羅蜜多時 照見五蘊皆空 度一切苦厄

사리자 색불이공 공불이색 색즉시공 공즉시색 수상행식 역부여시
舍利子 色不異空 空不異色 色卽是空 空卽是色 受想行識 亦復如是

사리자 시제법공상 불생불멸 불구부정 부증불감

舍利子 是諸法空相 不生不滅 不垢不淨 不增不減

시고 공중무색 무수상행식 무안이비설신의 무색성향미촉법
무안계 내지 무의식계

是故 空中無色 無受想行識 無眼耳鼻舌身意 無色聲香味觸法
無眼界 乃至 無意識界

무무명 역무무명진 내지 무노사 역무노사진 무고집멸도 무
지역무득 이무소득고

無無明 亦無無明盡 乃至 無老死 亦無老死盡 無苦集滅道 無
智亦無得 以無所得故

보리살타 의반야바라밀다고 심무가애 무가애고 무유공포
원리전도몽상 구경열반

菩提薩埵 依般若波羅蜜多故 心無罣碍 無罣碍故 無有恐怖 遠
離顚倒夢想 究竟涅槃

삼세제불 의반야바라밀다고 득아뇩다라삼먁삼보리

三世諸佛 依般若波羅蜜多故 得阿耨多羅三藐三菩提

고지 반야바라밀다 시대신주 시대명주 시무상주 시무등등
주 능제일체고 진실불허

故知 般若波羅蜜多 是大神呪 是大明呪 是無上呪 是無等等
呪 能除一切苦 眞實不虛

고설반야바라밀다주 즉설주왈,

故說般若波羅蜜多呪 卽說呪曰,

아제아제 바라아제 바라승아제 모지사바하

揭帝揭帝 波羅揭帝 波羅僧揭帝 菩提娑婆訶

　　　　　　　　　　　–현장역 한역본『반야심경』270자 전문

이로써 우주의 생성과 전개라는 5일째의 보고가 모두 끝났다.
모두들 붓다의 육성에 귀를 기울인다.

연기송: 깨달음의 노래

마지막에 무명(無明)을 찾아내는 순간
동녘 하늘의 광명성과 눈이 마주쳤네
차오르는 미소
나는 이제 눈뜬 자 붓다라네

무엇에 눈떴는가?

세상에 가득 찬 고통이 어디서 오는가를 추적하여

마침내 어리석음이

모든 고통의 시작이라는 것을 알았다네

나는 이제 깨달은 자 붓다

무명에서 일어난 일련의 경과가

모두 하나로 연결되어 있으나

그 하나하나는 아무 실체가 없다네

세상의 만물과 모든 일들은 들녘의 볏단과 같이 서로 의지하여

이것이 있으므로 저것이 있고

저것이 있으므로 이것이 있네

이것이 사라지면 저것이 사라지고

저것이 사라지면 이것 또한 사라지네

우주의 성주괴공(成住壞空)

주겁(住劫) 중에 나타난 유정(有情)의 출현

이들의 진화와 인류문명의 발달과 전개

이 모든 것의 뒤에 바로 연기(緣起)가 있네

이 법은 내가 지어낸 것도 아니고

다른 사람이 지어낸 것도 아니다

이 법은 여래가 세상에 나오건 나오지 않건 간에

원래 있던 것이며

나는 다만 그것을 찾아내었을 뿐이다

이 우주와 세상만사는

오직 연기에 의해서 전개되어갈 뿐 이 우주에 신은 없다

모든 인류는 스스로 만든 두려움을 이제 떨쳐라

지상의 모든 생명을 가진 존재에 대해 자비심을 가져라

세간 구석구석의 모든 사람들

들의 바다의 모든 유정들

이제 태양이 부풀어 오르면 모두 같이 사라질 존재들

주어진 시간에 서로 사랑하는 일밖에 무엇이 있겠느냐?

노력으로 자신과 주변을 조금씩 변화시켜라

오직 노력만이 세상과 미래를 바꿀 수 있다

불교와
과학의
만남

위대한 각자시여,
이제 어찌하오리까? 가르침을 주소서.

1. 두 은하계의 충돌

세계의 석학들이 그동안 이야기해 온 불교와 자연과학의 본격적인 교류의 시기가 다가오고 있다. 이들 둘의 만남은 두 은하계의 교차충돌에 비유될 수 있다. 흔히들 두 은하계가 충돌한다고 하면 지구와 운석의 충돌 상황을 머리에 떠올려 괴멸적인 파괴를 동반하는 재난을 연상하게 되나, 사실은 그것과 많이 다르다.

실제로 우주에서는 지금도 두 개의 은하계가 서로 만나며 교차하는 경우를 볼 수 있는데, 실제로 별들끼리 충돌하여 서로 부서지는 확률은 의외로 희박한 반면, 가스와 먼지농도의 증가가 임계상황에 있는 별들의 탄생에 크게 도움을 주어 새로운 별들이 탄생하는 확률은 높다. 한마디로 창조적인 충돌인 셈이다.

사실은 은하계와 200만 광년 떨어진 곳에 있는 안드로메다 성운은 서로 시속 40만km의 속도로 근접하고 있는데, 36억 년 뒤에는 두 은하가 교차하게 된다. 모든 별들이 서로 멀어지고 있는 이 우주 안에서 대단히 이례적인 일이 아닐 수 없다. 은하계는 약 천억 개, 안드로메다는 수천억 개의 별을 보유하고 있는데 두 은하계가 서로 충돌하게 되면 수천억 개의 별들이 새로 탄생될 것으로 예상된다. 즉, 천지창조를 넘어서는 완전히 새로운 질서가 나타날 것으로 예상된다.

그러나 안드로메다 성운과 은하계가 충돌하기 이전에 태양이 적색거성으로 부풀어 올라 지구를 삼키는 일이 먼저 일어날 것이다. 그러니 사실은 은하충돌 시 어떤 일이 일어날 것인가는 지구의 생명들이 할 걱정이 아니다.

불교와 서구문명의 만남

아놀드 토인비(1889~1975)는 20세기에 있었던 인류의 세계사에서 가장 큰 사건으로 서구문명이 불교를 처음 접하게 된 것을 꼽고 있다.

지금으로부터 약 2000년 전 『밀린다 왕문경』으로 인도의 불교문명이 그리스 문명과 잠깐 조우한 적이 있으나 그 이후 양쪽의 교류는 자취를 감추었다. 『밀린다 왕문경』은 인도의 서북부 파키스탄 지역을 지배했던 그리스인 왕 메난드로스와 붓다의 가르침을 받드는 나가세나 장로와의 문답을 적은 불교경전 중의 하나이다.

그리스식 합리주의 세계관을 가진 메난드로스 왕과 인도인 수행자인 나가세나는 사고방식이 서로 많이 다른데, 상호 간에 예의를 지키면서도 자신의 주장을 상대방에게 펼쳐나가는 과정이 재미있다. 이는 서로 다른 세계관이 만나 문명의 충돌을 통해 새로운 이치를 배워나가는 과정을 기록한 경우로, 큰 역사적인 가치를 지니고 있다.

18세기까지만 해도 서구인들은 붓다를 인도의 수많은 신들 가운데 하나 정도로 인식하고 있었을 따름이었다. 그러한 상황에서 19세기에 들어 쇼펜하우어(1788~1860)는 불교의 철학적 세계관을 서구에 알린 최초의 사람으로 손꼽힌다. 실제로, 인간 내면의 의지를 중요시하는 그의 철학은 붓다의 가르침에 크게 영향을 받은 것이다. 또한 19세기 덴마크의 파우스볼(Victor Fausboll)과 네덜란드의 케른(H. Kern)은 『법구경』 등 수많은 불경을 번역하여 유럽에 소개하였다.

독일어권에서는 칼 오이겐 노이만(1865~1915)이 불경의 번역에 자신의 평생을 바쳤으며 지금까지도 최고의 번역이라는 찬사를 받고 있다. 헤르만 헤세는 '인도의 시(詩)'라는 부제가 붙은 소설 『싯다르타』를 1922년에 발표했다. 인도철학의 심오한 메시지를 아름다운 문장으로 자연스럽게 풀어나간 그 소설은 유럽인들의 마음을 단숨에 사로잡았다. 미국에서는 최근 들어 불교명상이 심리치료계의 주류로 급부상하고 있다. 어떤 치료보다 불안, 공포,

우울증에 탁월한 효과가 나타나고 있어 가장 앞서가는 행동치료 요법으로 자리잡아가고 있다.

토인비가 서구문명과 불교가 만난 것을 20세기의 최대의 사건 으로 규정한 이유는 이제 본격적으로 문명 간의 소통이 진행될 21 세기에 하나씩 밝혀질 것이기 때문이다. 서구의 정신세계를 이끌 어온 석학들은 붓다의 가르침을 처음 접하는 순간 큰 충격에 빠지 고 두려움에 떨었다고 한다. 근거 없는 막연한 연역주의와 신비주 의를 골자로 하는 동양에서 성행하는 우상숭배 종교 중의 하나 정 도로 대충 알고 접근을 하다가 '세상에 신은 없다' 라고 선언하는 붓다를 맞닥뜨린 것이다. 수천 년간 이어온 유일신 사상이 집단 무 의식 속에 기본으로 깔려있는 서구인들에게 신이 없다는 생각은 상상도 할 수 없는 명제였다.

서구에도 말법의 시대가 온 듯 니체를 필두로 하여 인류의 창의 적 사고를 옭아매는 유일신의 촘촘한 그물망을 찢고 하나둘씩 탈 출을 시도하기 시작한다. 니체 전후로 한 볼테르, 벤자민 플랭클 린, 알버트 슈바이처, 아인슈타인, 토인비들이 그들이다. 이들 거 물들이 그물망을 찢고 나오기는 하였으나 사고의 저변에 여전히 두려움이 깔려있는 것을 부정할 수는 없다. 불교를 만나 절대 진리 에 난생 처음 접하게 되었다는 직관을 얻고 그 진리에 공감은 하면 서도 혹시나 하는 마음에 두려운 것이다.

'파스칼의 내기' 라는 것이 있다. 신을 믿는 자는 만약 신이 있으면 천국으로 가고 신이 없으면 본전이다. 신을 부정하는 자는 만약 신이 있으면 지옥으로 가고 신이 없으면 본전이다. 따라서 신을 믿고 보는 것이 신을 부정하는 것보다 이득이기 때문에 파스칼 자신은 신이 있다는 쪽에 내기를 건다는 것이다.

니체와 벤자민 플랭클린은 그물을 뚫고 탈출한 듯하나 나머지 사람들은 일단 그물을 찢기는 했으나 다시 들어왔다 나갔다 반복하며 머물러 있다는 것을 알 수 있다. 아인슈타인만 해도, 일생 동안 그가 한 말들을 자세히 추적해보면 그러한 면이 없지 않다는 것을 알 수 있다. 그들 대부분은 유일신관이 대단히 잘못된 점이 많다는 것을 인지하면서도 아직은 '신이 없다'고 까지는 생각을 못해본 것이다. 그래서 불교를 접하고 두려움을 느낀 것이다.

불교와 자연과학

붓다의 가르침과 자연과학은 서로 다루는 분야가 다르다. 붓다의 가르침은 사람의 마음을 주요 대상으로 삼고 자연과학은 물질을 주요 대상으로 삼는다. 하지만 서로 다루는 분야만 다를 뿐, 찰나에 아이디어를 얻고, 가정하고, 실험하고, 증명하고, 다음 단계를 가정하고, 실험하고, 증명해나가는 방법론에 있어서 양자는 놀라울 정도로 유사성을 가지고 있다.

붓다가 연기론을 하나하나 깨달아가며 마침내 정각을 완성해가는 과정이나, 아인슈타인이 출근길에 상대성이론의 아이디어를 착안하고 수년간 이를 집중 연구하여 완전한 이론으로 만들어가는 과정이나 크게 다를 바가 없다. 과학에서 각 단계마다 실험을 통해 증명해가는 과정이 있는데 붓다는 실험 대신 벼리고 벼린 날카로운 지혜의 정신력으로 과거에 떠올린 생각에 혹시 끼어들 수 있는 오류를 분석하는 방법을 썼다. 그래서 자연과학이나 붓다의 명상이나 양자 모두 그 과정 중에 티끌만큼의 오류도 끼어들 틈이 없다.

아인슈타인은 1907년 일반 상대성이론의 기초 아이디어를 생각해냈는데 이후 이론을 완성하여 발표하는 1916년까지 9년간의 세월을 고행하는 사문과도 같이 보냈다. 반은 미친 상태로 연구에 온갖 정신을 몰두해 있다 보니 일상적인 생활이 거의 불가능하였으리라 상상이 간다. 그는 그 기간 중에 친구한테 편지 한 장 보내는 시간조차 아까웠다고 나중에 고백한다.

시간과 공간이 절대적인 것이 아니며 강한 중력장 속에서 빛이 휘어서 간다고 9년간의 고심한 연구결과를 발표하였으나 세상의 반응은 무덤덤할 뿐이었다. 그러나 3년 뒤에 찾아온 개기일식을 통해 아인슈타인의 일반 상대성이론이 드디어 증명이 되어 세상의 빛을 보게 된다.

1919년 3월 29일에 찾아온 지구의 적도 위를 지나가는 개기일식을 관측하기 위해 케임브리지 천체연구소장 아서 에딩턴 경은 서부아프리카 가봉 앞바다의 상투메 프린시페 섬으로 출발한다. 그가 찍어서 인화한 한 장의 개기일식 사진으로 물리학계의 역사가 완전히 뒤바뀌게 된다. 개기일식 때의 사진과 태양이 지나가고 없을 때의 사진, 동일 장소를 찍은 두 장의 사진을 서로 대비해보니 개기일식 때 사진에 찍힌 별들이 모두 태양의 바깥쪽으로 일정하게 멀어져 있었다. 그 멀어진 각도는 아인슈타인이 미리 예측한 것과 정확히 일치하였다.

별빛이 지구에 도달하는 과정에서 태양이라는 중력장을 만나면서 휘어진 것이며 에딩턴의 사진은 그것을 입증한 것이다. 자연과학계에 100년 임기의 황제가 뉴턴에서 아인슈타인으로 바뀌는 순간이었다. 그로부터 100년 후인 2019년도 이제 얼마 남지 않았다. 그 기간 중 아인슈타인을 능가하는 걸출한 인물이 나타나지 않는 한 그의 100년 임기가 다시 연장될 가능성이 있다.

붓다가 깨달은 연기이론은 그 시대의 일반인들에게 있어서는 너무나도 어려운 이론이었다. 오죽하면 붓다 자신도 처음에는 세상 사람들을 가르치는 일을 포기하려고 했을까? 그래서 깨달음을 얻은 직후에는 12연기를 바로 설하지 않고 중도론과 일체개고로 가르침을 시작한다. 그러자 일반인들에게 '그것은 너무나 당연한 이야기가 아니냐'는 분위기가 있었을 것으로 생각이 든다.

그런 붓다에게 획기적인 일이 찾아온다. 목건련과 사리자가 붓다의 승단을 찾아 합류한 일이다. 하루는 사리자가 붓다의 초기 제자 앗시지를 길에서 만나 그로부터 "모든 것은 인연에 따라 잠시 생겨났다가 다시 사라집니다"라는 한마디를 듣고 '진리를 찾았다'고 속으로 외치고는 목건련에게 그 이야기를 전한다. 두 사람은 산자야의 제자로 있으면서 산자야의 이론이 그들이 찾는 최종적인 진리가 아님을 서로 인식하고 있었고, 만약 진리를 찾게 되면 서로가 이야기해주기를 약속한 사이였다.

목건련과 사리자는 자타가 공인하는 붓다 당대 인도 최고의 지성이었다. 육사외도의 한 파를 이루고 있던 불가지론의 산자야 밑에 있던 두 사람은 산자야의 제자 250명을 모두 이끌고 붓다의 승단에 합류한다. 당시 붓다에게는 가섭 3형제가 1,000명의 제자를 이끌고 먼저 와서 자리를 잡고 있었다. 합류한 시기로 보나 인원수로 보나 가섭 3형제가 먼저이나, 붓다는 나중에 온 목건련과 사리자를 가섭의 윗자리에 두었다. 가섭 3형제의 반발로 큰 충돌이 일어날 뻔한 적도 있었으나 붓다의 생각은 너무나도 확고하였다.

신통력제일 목건련과 지혜제일 사리자를 양 날개로 하여 붓다의 승단이 이제 세상에 입증되었을 뿐 아니라 전체의 수준도 일취월장하게 된다. 붓다에게서 목건련과 사리자의 합류는 아인슈타인에게 찾아온 개기일식과도 같은 것이다.

2. 국가권력과의 결탁

사람이 모여 살며 부족 형태의 군락을 이루면 그대로 무사 평안하게 지내는 일은 없다. 부족이 이웃의 부족을 통합해가며 점점 규모를 키워가 마침내는 하나의 국가의 틀을 갖춘다. 이렇게 해서 발생한 국가들은 다시 토너먼트전을 거쳐 가장 강한 국가가 살아남는 전쟁을 치른다. 붓다의 나라 카필라바스투도 붓다의 만년에 코살라국의 비두다바 왕에 의해 정복당하였는데 이러한 일련의 과정은 붓다로서도 어쩔 수 없는 일이었다.

이렇게 국가가 상대방 국가를 멸하고 커가는 이면에는 피도 눈물도 없는 잔인한 권력의 속성이 자리하고 있다. 따라서 국가와 결탁한다는 것은 이 잔인한 권력의 속성과 결탁한다는 의미가 될 수 있다. 이러한 국가권력은 종교와 결탁할 수도 있고 자연과학과도 결탁할 수 있다.

먼저 국가권력이 종교와 결탁하는 경우를 살펴보자.

로마제국의 콘스탄티누스 대제는 자신과 제국의 권력 강화 수단으로 기독교를 이용한다. 기독교를 소위 말하는 지배도구화(Instrumentum Regina)한 것이다. 집권 과정에서 기독교를 이용한 그는 AD 325년 니케아 공의회에서 정치적인 목적으로 다수파인 아타나시우스파의 손을 들어준다. 아타나시우스파는 예수님을 인간인 동시에 완전한 신으로 보았고, 반대파인 아리우스파는 아버지인 신과 아들인 신은 완전히 동일하지 않다고 보았다.

콘스탄티누스에 의해 아타나시우스의 주장이 정통교리로서 채택되자 아리우스파는 예수님의 신성을 부정하는 이단으로 몰리게 된다. 그렇게 하루아침에 이단으로 몰린 아리우스파 3,000명이 아타나시우스파에 의해 떼죽음을 당한다. 이 3,000명은 로마제국의 역사 이래 그때까지 기독교를 핍박하는 과정에서 죽음을 당한 총 기독교인의 수보다 훨씬 많은 숫자였다.

이와 같이 종교가 국가권력과 결탁하면서 중세기 피의 숙청의 서막이 열리기 시작한다. 마녀사냥, 종교재판, 십자군전쟁으로 유럽과 소아시아의 인류는 지옥보다도 더 무서운 천 년간의 질곡의 암흑세월을 보내게 된다. 이 아리우스파가 당시 지하세계로 숨어들어 지금은 이 세상에 없다시피 하는 영지주의 기독교 원류이다. 헤르만 헤세의 소설『데미안』에서 영지주의는 아프락사스의 새로 다시 살아난다. 여호와의 증인들은 예수의 신성이 아버지의 신성과 동일하지 않다고 보지만 아무도 더는 죽임을 당하지 않는다.

국가권력과 과학이 결탁하는 경우도 종교와의 결탁에 못지않게 위험할 수 있다.

히틀러는 과학자들을 독려하여 무적의 탱크, 제트엔진의 전투기, 잠수함, 장거리 로켓포 등을 잇달아 개발하여 자신의 야망을 실현하려고 하였다. 일본 제국주의는 미츠이 미스비시 등 군수업체를 육성 지원하여 한때 미국을 능가하는 해군력을 갖추고 세계제패의 꿈을 키웠었다.

미국 또한 마찬가지이다. 2차 대전 당시 미국이 원자폭탄을 만드는 계획은 '맨해튼 프로젝트'라는 암호명으로 불렸다. 이 프로젝트는 1939년 8월, 아인슈타인이 루즈벨트 대통령에게 핵 개발을 권유하는 편지를 보냄으로써 시작된다. 그 편지의 직접적인 계기는 나치가 1년 전인 1938년 핵 연쇄반응의 실험에 성공하였고 이에 필요한 우라늄을 계속 확보하고 있다는 첩보가 물리학자들 사이에 은밀히 나돌았기 때문이다.

독일에서 나치를 피해 영국으로 건너온 레오 스릴라드(1898~1964)는 독일의 점령지인 체코슬로바키아에서 우라늄의 대외반출을 금지하는 등, 매우 빠르게 진행되어가는 세계정세를 알게 된다. 독일이 먼저 원자폭탄을 만드는 일은 어떻게 해서든 막아야 한다는 일념으로 당시 미국 뉴저지 주에 살고 있는 아인슈타인을 찾아가 두 사람은 1939년 7월 12일에 만난다. 당시 아인슈타인은 핵 연쇄반응에 대하여 자세히는 모르고 있었으나 스릴라드의 이야기를 듣자마자 가공할 핵폭탄의 위력을 금방 이해하게 된다. 고심을 거듭하던 아인슈타인은 마침내 루즈벨트 대통령에게 편지를 쓰게 된다.

맨해튼 프로젝트의 책임자는 로버트 오펜하이머(1904~1967)였으며 동맹국인 미국, 영국, 캐나다를 비롯하여 나치를 피해 미국에 온 물리학자, 수학자 등 백여 명이 참여하였다. 그들의 면면을 보면 닐스 보어, 엔리코 페르미, 리처드 파인만, 폰 노이만 등 노벨상을 이미 받았거나 나중에 받게 될 쟁쟁한 사람들이다. 그들은 나치가 먼저 원자폭탄을 만들어낼 수도 있다는 강박관념으로 인하여 자신들이 만들고 있는 원자폭탄이 인류를 파멸로 이끌지도 모른다는 염려를 할 여유가 없었다.

맨해튼 프로젝트에 참여한 인원은 13만 명에나 이르렀는데, 가장 힘든 작업은 우라늄 238에서 우라늄 235를 분리해내는 것이었다. 그 둘은 화학적 성질이 같아서 화학적인 방법으로는 분리가 불가능하여 양자 간의 아주 근소한 질량 차를 이용한 물리적인 방법을 이용하였다. 자기장 안에서 입자를 회전시킬 때의 원심력을 이용하여, 질량 차로 인해 두 동위원소가 약간 다른 궤도를 돌게 되는 원리를 이용하였다.

히로시마에 원자폭탄이 투하된 후 맨해튼 프로젝트의 구성원들은 축하일색의 분위기에 들떴고, 거기에 휩쓸려 자신들이 칭찬받을만한 일을 했다고 생각했다. 그러나 사망자 수가 집계되고 피폭의 잔인한 결과들이 드러나면서 그러한 분위기는 반전된다. 오펜하이머는 "나는 세계의 파괴자, 죽음의 신이 되었다"고 중얼거렸다. 아인슈타인도 "이렇게 되는 것인 줄 알았다면 편지를 보내지 말았어야 했다"고 하며 뼈저리게 자신의 행동을 반성했다.

그러나 트루먼 대통령의 생각은 과학자들과 달랐다. 엄청난 예산을 쏟아 부은 핵폭탄을 써보지도 않고 썩힐 생각은 애초부터 없었다. 다만 그 장소를 어디로 하느냐가 문제일 따름이었다. 히로시마에 핵폭탄을 투여한 1945년 8월 6일 당시, 독일은 이미 핵 개발을 포기한 상태였고 사실상 항복한 단계여서 투하 장소가 일본으로 결정된 것이다. 트루먼은 일본도 일본이지만 대전이 끝난 후의 잠재적 위협세력인 소련의 남하를 미연에 방지한다는 다목적의 용도로 성급하게 실전에서 원자폭탄을 터뜨리고 말았던 것이다.

트루먼 대통령이 핵무기를 실전에 쓰지 않고 세계평화를 위한 담보물로 남기는 결정을 했다면 좋았으리라는 아쉬움이 남는다. 맨해튼 프로젝트에 참여한 많은 과학자들은 인류 역사상 가장 무서운 무기의 개발에 참여했다는 죄책감과 책임감으로 괴로워하며 지낸다. 그중 많은 사람은 '핵의 평화적인 사용' 운동에 여생을 바친다.

아인슈타인은 이와 같은 뼈저린 자신의 경험을 바탕으로 "종교

없는 과학은 절름발이요, 과학 없는 종교는 맹목이다."라는 유명한 말을 남긴다. 종교 없는 과학이 절름발이라는 말은 제국주의자들의 야망과 야합한 과학과 제국주의자들의 팽창을 막아야 한다는 의무감으로 밀어붙인 맨해튼 프로젝트를 권고한 자신의 과오를 바탕으로, 과학이 무방향성이라는 것을 통렬히 깨달았다는 말이다. 과학 없는 종교는 맹목이라는 말은 지구가 돈다고 주장하는 사람을 불태워 죽이고, 과학 교과서에 진화론을 말살하고 창조론을 넣으려고 시도하는 기독교를 통렬히 비판하는 말이다. 아인슈타인의 이 말에는 종교가 과학을 이끌어주기를 바라는 간절한 염원이 배어있다.

아인슈타인이 일반 상대성이론을 완성한 이후 죽는 날까지 대통일장이론을 연구하였으나 원하던 성과를 내지 못하고 생을 마감한다. 통합의 원리는 이미 뉴턴에서 시작되었다. 뉴턴은 해, 달, 지구 등 천체의 운동과 지상에서의 물체의 운동을 하나의 통합된 이론으로 설명하는 만유인력의 장을 만들었다.

1915년, 일반 상대성이론이 마무리되자 아인슈타인은 곧바로 중력과 전자기력을 동일한 이론으로 통합하고자 하는 통일장이론에 몰두한다. 그러다 1930년대에 이르러 양자역학이 발전하면서 앞의 두 가지 고전적인 힘 외에도 강한 핵력(강력)과 약한 핵력(약력)이 새로운 힘으로 등장하자 아인슈타인은 남은 생을 4개의 힘을 하나로 묶는 대통일장이론의 완성에 바친다. 아인슈타인의 뜻을 물려받은 그 후의 물리학자들이 이를 해결하기 위해 끈(string)이 론을 도입하였다. 기본 입자들을 끈의 진동으로 보는 학설이다. 그러나 끈이론은 입증이 어려워 과학과 철학의 경계선에 머물러 있다고 보는 시각도 있다.

아인슈타인은 세계를 놀라게 한 상대성이론의 완성 이후 죽는 날까지 3~40년간을 끊임없이 무언가를 추구하며 방황하는데, 그 것이 단지 4개의 힘을 합하는 통일장의 이론에 국한된 것은 아니었다고 보인다. 그의 성급했던 편지 한 장으로 거짓말같이 인류를 대량 학살할 수 있는 핵무기가 개발되었다. 실제로 실전에서 대량 학살이 일어났고 그 후 소련과의 핵무기개발 경쟁에 불이 붙어 아인슈타인이 죽는 1955년까지 미소 간 냉전이 극한으로 치달았다. 세계는 핵 공포에 얼어붙고 인류의 미래는 담보할 수 없게 되었다.

양심을 가진 한 인간으로서, 지구를 몇 번 불태울 수 있는 대량 살상의 핵무기 개발에 방아쇠 역할을 하고는 모른척하며 4개 힘의 통합 연구나 하며 한가하게 지낼 수 있었을까? 아인슈타인이 아무리 강한 담력을 지녔다고 가정하더라도 그럴 수는 없었을 것이다. 히로시마와 나가사키에서 죽은 수십만의 원혼들과 앞으로 핵폭탄에 의해서 죽을 수백, 수천만의 원혼들이 그의 인생 후반부를 짓누르고 있는 상황에서 그가 진정으로 원했던 것은 과학을 이끌어줄 높은 수준의 도덕률을 지닌 종교였을 것으로 짐작된다. 그가 진정으로 연구하고자 했던 것은 과학과 종교와의 대통합 이론이 아니었을까? 그리하여 권력과 결탁하는 과학이 아닌, 스스로 방향성을 가지는 과학을 꿈꾸다가 생을 마감했을 것이라고 짐작된다.

붓다는 이유를 막론하고 살상 무기의 개발에 참여한 자체가 잘못이라고 처음부터 가르쳤다. 붓다가 어린 시절에 수행결심을 하게 되는 출발점이 바로 생명을 가진 존재에 대한 측은지심이다. 동물에게조차도 그러한데, 사람을 죽일 수 있는 일에는 절대로 관계를 맺지 말 것을 붓다는 가르친다. 붓다의 가르침을 받드는 사람이라면 누구나 최소한 독극물이나 인마살상용 무기의 제조나 거래에 관련되는 일에는 종사하지 않아야 하는 것은 기본 중의 기본이다. 만약 아인슈타인이 불교의 교리를 먼저 접하여 잠시 동안이라도 자신을 돌아볼 기회를 가졌었더라면 루즈벨트 대통령에게 핵개발을 권유하고 나중에 후회하고 하는 과정을 되풀이하지 않았을 것이다. 그래서 인류의 역사도 많이 달라져 있었을 것이다. 물론 역사에 있어서 가정은 무의미한 것이기는 하지만 말이다.

교통과 정보통신의 획기적인 발달로 이제 서양과 동양, 나라와 나라 사이의 경계는 점차 무의미한 것이 되어가고 있다. 문화와 학문과 정보의 지리적인 경계가 사라지고 상호 간의 소통이 활발히 이루어지는 중심에 불교와 과학의 만남이 예약되어 있다. 미국과 유럽에서 이미 불교에 대한 분석과 연구가 본격적으로 시작되고 있으며, 어떤 형태로 재탄생된 새로운 불교가 세계 인류의 복리증

진에 기여하게 될 날이 다가오고 있다.

서구의 자연과학은 중세기 죽음의 공포를 뚫고 솟아오른 현대 인류의 새로운 한 장르이다. 코페르니쿠스와 갈릴레오는 목숨을 담보로 진리를 추구하여 자연과학의 문을 열었다. 이러한 배경을 지닌 자연과학은 태생적으로 비진리와는 교류를 원하지 않는다. 불교가 자연과학과 교류할 수 있고 새로운 질서를 창조해 내리라고 보는 것은 과학적 공리에 비추어서도 한 점 어긋남이 없고, 절대적 힘을 가진 신의 존재를 부정하면서도 인간 스스로가 만들어내는 높은 수준의 도덕률을 추구하고 있기 때문이다.

3. 자연과학의 나침반

종교가 자연과학의 나침반이 되려면

물리학에 열역학 제2법칙이라는 것이 있다. 에너지의 출입이 차단된 고립계에서 총 엔트로피 즉, 무질서도의 변화는 항상 증가하는 쪽으로만 일어나 결국은 무질서도가 극대점을 가지는 평형상태에 도달하고 만다. 그러나 반대쪽으로 가는 반응은 이루어지지 않는다. 엔트로피 총량 즉, 무질서도의 증가는 바로 에너지 가치(포텐셜)의 감소를 동반한다.

다소 어려운 이야기를 고사한다면 이런 이야기가 될 수 있다. 누가 방 청소를 하지 않는 한(에너지의 출입이 차단된 고립계라면) 그 방은 점점 더 어지럽혀질 뿐 절대로 저절로 정리되는 법은 없다(무질서도는 항상 증가하는 방향으로만 움직인다). 누가 하숙방을 내놓았는데 청소를 안 하고 계속해서 어지럽히기만 한다면 그 방은 시간이 지날수록 방으로서의 가치가 점점 떨어지기만 할 것이다.

또는 닫힌 방 안에서 향을 피운다고 가정해 보자. 향에서 한 줄기의 푸른 연기가 일어난다. 그 푸른 연기는 확산을 거듭하여 방안 공기와 완전히 균일하게 섞이는 상태에 이르고서야 확산을 멈춘다. 무질서도가 극대점에 이르고 순도는 제로에 도달한 것이다. 한번 확산되어 공기 중으로 퍼져나간 연기가 다시 연기 줄기가 되어서 모이는 법이 없다. 그릇에 가득한 물에 떨어뜨린 잉크 방울도 마찬가지이다. 한번 물에 퍼지면 다시는 잉크 방울로 되돌아올 수 없다.

붓다의 깨달음에서 시작된 불교는 다양한 변화를 거듭하여 오늘에 이르렀다. 처음에는 붓다의 가르침을 정리하고 보전하며 전파하는 원시불교에서 출발하였으나 시대의 변천과 지역의 특성 그리고 많은 사람들의 생각과 합류하면서 놀라울 정도로 여러 가지의 형태로 변화되어 갔다.

불교는 현재 인도를 제외한 인도 이동(以東)의 아시아 전 지역에 퍼져있다. 티베트의 라마교와 밀교, 스리랑카와 태국 미얀마 등지의 소승불교, 중국의 선불교, 한국과 일본의 대승불교가 큰 줄기이고 지역마다 고유한 샤머니즘과 합쳐져 변형된 모습을 볼 수 있는데 네팔과 티베트와 한국 등지에서 그러한 현상이 두드러지게 나타나고 있다. 불교가 이동하고 변화해가는 모습을 개략적으로 살펴보자.

인도의 토속종교 힌두교 입장에서 보면 불교는 매우 위험한 상대이다. 브라만 계급의 지배를 정당화하는 카스트제도를 정면으로 부정하는 불교의 교리는 너무 혁명적이어서 그 세력이 커질 경우 자신들의 기반이 뿌리째 흔들릴 것으로 우려되었다. 또한 힌두교의 근간 이념 중 가장 핵심이 되는 아트만이론을 정면으로 부정하고 있어 어차피 한 지역에서 공존은 어려운 것이었다. 붓다 승단의 제2인자인 목건련이 브라만들에 의해 테러를 당해 전신의 뼈가 부러져 죽음에 이르는 사건이 붓다 생전에 발생한다. 인도 내에서 불교와 힌두교의 마찰이 끊임없이 일어날 것임을 암시하는 사건이다.

힌두교에는 무시무시한 신들이 있어 겁을 주기도 하고 가네샤 같은 재물을 주는 신도 있어서 인도인들을 어르고 달래어 일상생활을 지배하다시피 하고 있다. 그러나 초기불교의 교리는 너무나 어려운 것이어서 일반인들은 근접하기가 어려웠다. 수행을 하는 사람들은 출가승단을 이루어 살아가지만 대부분이 힌두교도인 일반인들의 보시에 의지해 살아가는 매우 취약한 구조를 가지고 있었다. 힌두교도인 일반인들이 붓다 승단의 사문들에게 보시를 하는 이유는 힌두교 교리에 의해 내세의 복을 짓기 위함이다.

이러한 구조상 불교가 윤회사상 등 힌두교의 이론을 공개적으로 부정하기가 어려우므로 방편상 힌두교 교리를 받아들인 부분이 많이 있다. 애석하게도 힌두교의 탁류 속에 핀 한 송이 연꽃과도 같은 불교는 결국 인도에서 밀려나고 만다. 아잔타 석굴의 불상도 말기에 가면 팔이 더 돋아나면서 6개의 팔을 가진 힌두교의 신으로 변모해간다.

중화문명의 특징은 지나치게 강한 주체성이다. 뭐든지 가져오면 자기 것으로 만들지 않으면 직성이 풀리지 않는다. 불교도 예외는 아니다. 중국은 불교라고 하는 황금의 배(杯)를 인도에서 가져오자마자 이를 녹여서 자신의 구리와 합금을 해버린다. 세월이 가면서 구리 성분을 자꾸만 더해가다 보니 황금 배인지 구리 배인지 구분할 수 없는 지경에까지 이르게 된다.

중국의 불교를 대표하는 선불교는 그 시작만 불교이지 그 다음부터는 자기들의 정신세계 원류인 도교에서 계속 이론을 보충해갔다. 장구한 세월이 흐르다 보니 불교라기보다는 차라리 도교에 더 가까워진다. 吳經熊(John C. H. Wu, 1899~1986)[51] 박사가 『선(禪)의 황금시대』에서 한 언급을 보면 '선은 불교를 아버지로 노장을 어머니로 둔 자식이다. 그런데 아비보다도 어미를 더 닮은 듯하다.'고 비유하고 있다.

---

51) 吳經熊: 대만 문화학원 중국철학 교수로 대만 최고의 지성으로 추앙받고 있다. 저서로는 『동서의 피안』, 『내심낙원』, 『선의 황금시대』 등이 있다.

중국을 통해 우리나라와 일본에 건너온 대승불교는 그 꽃을 피우며 대중종교로서 정착한다. 이들 지역에서 불교는 원효를 비롯한 여러 고승들에 의해 한량없는 깊이를 더하며 이론화되고 체계화된다. 그러나 세월이 흐르면서 민간신앙과 시대적인 민중의 염원과 결부하여 기복적 요소를 가지게 되었다. 일본으로 가서는 불교가 일부 유일신교의 면모를 가지기도 한다.

이렇게 다양화되고 뒤섞인 형태로 변화된 불교를 시간을 거꾸로 돌려 붓다 시대의 순도 높은 불교의 형태로 되돌릴 수는 없을까? 열역학 제2법칙에 비추어보면 그것은 어려운 일이다. 방은 시간이 갈수록 점점 어지럽혀질 뿐 한번 어지럽혀진 방이 저절로 정돈되는 경우는 없다. 방구석까지 골고루 퍼진 향이 다시 한 줄기의 푸른 연기로 모이는 일은 일어나지 않는다. 붓다 자신의 가르침에도 모든 것은 변화한다고 하였고(諸行無常) 그것은 절대의 진리이다. 한번 변화한 것이 원래의 상태로 되돌아가는 기적 같은 것은 기대하기 어려운 일이다.

열역학에서 무질서의 정도가 커질수록 에너지의 가치 즉, 포텐셜은 감소한다. 한번 물레방아를 돌린 물은 다시 물레방아를 돌리지 못하며, 한번 언덕에서 굴러 내려와 구르기를 멈춘 바위는 다시 구르지 못한다. 또한 내연기관에서 한번 타버린 휘발유가 다시 타지 못하듯, 변해버린 불교의 현재 상태로서는 아인슈타인이 손을 내밀어 요구하고 있는 자연과학의 나침반 역할을 기대하기가 어렵다.

근본불교의 순도를 되찾아야

만약에 누가 붓다 시대의 근본불교로 되돌아가자는 취지의 운동을 한다고 해도 그것은 오히려 다양화의 한 형태로 간주되어버릴 가능성이 크다. 열역학 제2법칙을 거슬러 다양화된 불교가 다시 초기불교가 된다는 것은 기대하기 매우 어려운 일이다.

그러나 21세기 세계의 흐름은 불교의 역할을 요구하고 있다. 불교가 과학과 발을 맞추고 과학의 눈이 되어 리드하기 위하여 포텐셜이 극대점에 있었던 붓다 시대의 불교가 어떠한 것이었는지 돌이켜 연구해볼 필요가 있다. 다시 말하면 붓다 가르침의 정수를 찾는 일인데, 그것은 열을 가하여 정련을 하듯 붓다의 순수한 가르침을 구분해서 찾아내는 일이다.

그렇게 하기 위해 외부에서 에너지를 새로 투입하는 일 즉, 어지럽혀진 방을 정리하는 과정이 반드시 있어야 한다. 붓다의 가르침에 덧칠된 부분이 무엇인가를 성찰해보고 과감히 이를 벗겨내는 과정이 필요하다. 기복주의와 샤머니즘의 옷을 걸치고 과학 또는 서구문명을 이끌겠다고 손을 내밀 수는 없는 일이다. 영혼설과 신이론에 대해서도 일관된 붓다 육성의 가르침을 다시 정리할 필요가 있다. '이 세상에 신은 없다'고 사자후를 토하는 청년 붓다의 기상을 이 시대에 다시 한번 살려내야 한다. 21세기에는 신에 대한 두려움에서 출발하는 율법이 아니라 인간의 지혜에서 이끌어낸 도덕률을 완성하여 세상의 나침반이 되어야 한다.

회자정리(會者定離)라, 마지막 날의 보고가 끝나고 서로가 헤어질 시간이 다가왔다. 스티븐 호킹의 전동휠체어 달린 스피커에서 그의 목소리가 떨려 나온다.

"위대한 각자시여, 자비의 화신이시여. 당신은 시간의 흐름에는 관계가 없이 전 인류의 영원한 스승이십니다. 그리하여 마땅히 그와 같이 언제나 존경받으실 것입니다.
일부러 시간을 내시어 먼 길 찾아주시고 저희들의 보잘것없는 이야기를 들어주신 것에 대해 전 과학자를 대신해서 감사의 말씀 올립니다. 부디 편히 돌아가시기를 기원합니다."

스티븐 호킹의 보내는 말이 끝나고 모두들 붓다의 마지막 말씀에 귀를 기울였다.

"그대들의 노고가 참으로 컸도다.

자연과학 사오백 년 역사의 결과들은 현생인류의 모든 지식의 결정체이다. 그렇지만 그렇다고 해서 자연과학이 종교를 대신하여 인류의 정신세계를 주관할 수는 없다. 그런 일은 앞으로도 영원히 없을 것이다. 과학은 맹목이기 때문에 더 높은 수준의 정신적인 기준에 의해 인도되지 않으면 안 된다. 그리고 그 기준은 반드시 부디즘일 필요는 없다.

정신세계의 정상에 오르는 길이 단 하나로만 제한되어 있지 않다. 내가 서있는 여기로 오르는 길은 불교식의 수행이 유일한 길은 아니다. 그것은 서양의 기독교나 동양의 도교 또는 기타 알려지지 않은 다른 길로도 도달이 가능하다. 그것은 흡사 피라미드의 정상에 도달하는 데 네 방향의 계단이 있는 것과 같다. 내가 올라온 길만이 옳다고 주장한다면 그것은 틀린 것이다.

기억하는가? 그대들을 처음 만난 날 나는 대통합의 시대를 열어야 한다고 말한 적이 있다. 무엇의 대통합이냐? 종교와 과학의 통합이다. 그리고 종교 간의 통합이다. 무엇 때문에 통합이 어렵다고 그대들은 생각하는가? 그것은 바로 자신이 옳다는 생각 때문이다. 바로 자신의 종교와 종파만이 옳다는 생각 때문이다. 자신이 옳다는 이야기는 상대방이 그르다는 이야기의 다른 표현이다. 그곳에는 다툼밖에 있을 수 없다. 세상의 모든 크고 작은 분쟁과 전쟁의 시작은 바로 여기에 있다. 상대방의 존재를 인정할 수 있어야 한다.

세상은 다양한 인종과 다양한 형태의 사상과 종교가 모여 들끓는 곳이다. 여기서는 진리보다는 통합이 우선이다. 통합을 위해서는 한발 뒤로 물러서는 희생이 필요하다. 나의 생각만 옳다는 생각을 펴면 이 세상은 불덩이 속의 지옥이다. 붓다의 말이라고 하면 따져보지도 않고 무조건 따르는 사람이 아니라면 내가 한 말들에 앞뒤가 맞지 않는 부분이 있는 것을 일부 보았을 것이다. 그 부분은 나의 한발 물러섬이었다. 그 시대에도 그러하였다. 그러나 대열반 전에 이 부분에 대하여 짚어두었다. 경전에 있다고 다 믿지 마라, 내가 한 말이라고 다 믿지 마라, 제행무상, 제법무아, 일체개고, 연기법과 사성체와 팔정도 그리고 내가 남긴 유언 외에는 무조건 믿지는 말라고 하였다. 그것 외에는 공부하는 자의 지혜와 분별이 필요하다.

나는 결정적인 순간이 오면 한발 뒤로 물러서서 타종교 교리의 일부분을 수용하고는 하였다. 목숨을 걸고 다른 종교와 논쟁하거나 설복하여 이쪽으로 끌고 오거나 하지 않았다. 절대로 정복되지도 않고 설복되지도 않는다. 나는 가장 아끼는 제자 목건련이 죽임을 당했을 때에도 오직 슬퍼했을 뿐 다른 일체의 행위를 하지 않았다. 그와 같이 이제 나는 통합을 위해 모든 것을 다 내려놓는다.

내가 설하지 못하는 부분이 있다. 가장 높은 단계의 깨달음은 말로 설명될 수 없다. 말하여지면 이미 그것은 가장 높은 진리가 아니다. 쓰인 것도 마찬가지이다. 쓰인 것을 읽고 깨달을 수는 없다. 이 우주에서 가장 높은 단계의 영성은 하늘에 있지 않다. 그것은 질료에도 있지 않다. 경전에도 있지 않다. 그것은 오직 살아있는 그대의 마음속에 있다. 그 속에 깊이 숨어있다. 그것은 다만 아상에 가려져있을 뿐이다. 아상이 무엇이냐? '나' 라는 관념 또는 생각이다. 나라는 관념 또는 생각을 걷어내야 한다. 나라는 것은 오온(五蘊)의 가합(假合)이지 그 어떤 실체가 없다. 나를 걷어내면 그것을 볼 수 있다. 어렵더라도 그것을 찾아내야 한다. 그리하여 그것에 의해 인도된 방향으로 나아가면 앞으로도 아무런 문제가 없을 것이다."

말씀을 듣고 있는 호킹 박사의 눈에 눈물이 고였다. 붓다의 모습이 어른어른한 빛으로 보이더니 그 빛마저 마침내 사라지고 말았다. 잠시 후 호킹 박사는 시야가 하얗게 밝아지며 머릿속이 텅 비는 느낌을 받았다. 뭔가 이상을 느낀 동료 과학자들이 호킹 박사를 쳐다보았다. 혹시 그의 정신이 그가 평생 연구해온 블랙홀에 빠져들어 버린 것은 아닐까? 그의 눈은 허공을 바라보며 초점을 잃고 있었다. 얼굴색은 더욱 희고 맑게 빛났으며 천진난만하게 약간 벌어진 입술은 선홍색을 띠었다. 금발은 멋있게 말려 물결마냥 바람에 일렁거렸다. 칠십 노인은 간데없고 천진난만한 열두 살 소년의 얼굴이 거기에 있었다.

　신의 나라에 태어나서 고집스럽게 홀로 유물론자의 길을 걸으며 어려움을 겪다가 붓다를 만나 지원을 기대하였지만 확실한 대답을 듣지 못하였다. 그러한 그가 붓다의 마지막 말씀 어디엔가에서 무엇인가를 알게 된 것 같았다. 그가 마지막에 얻은 것이 무엇인가는 아무도 알 수가 없었다.

□ **맺음말**

　　스티븐 호킹 박사는 골수 유물론자이다. 그는 19세기 서양 정신 세계사에서 기독교를 밀어내고 주류로 등장한 철학도 이제는 그 시대가 끝났으며, 과학자들이 그 뒤를 이어야 한다고 주장했다. 간단히 이야기하면 이제 과학자가 하느님을 대신해야 한다는 생각을 가지고 있는 사람이다. 얼른 들어도 위험한 사고의 보유자라는 느낌이 들 것이다.

　　스티븐 호킹뿐만 아니라 종교의 뿌리 없이 한없이 과학에만 몰두하는 사람은 누구든 그러한 생각에 빠져들 수 있다. 제2, 제3의 스티븐 호킹이 계속해서 세상에 나올 수 있다. 스티븐 호킹은 기독교를 깨고 나온 사람이므로 기독교의 교리로는 그 사람을 다룰 수 없다. 예수가 아니라 하느님이라도 그 사람은 못 다룬다.

　　붓다가 현세에 오신 가장 큰 이유는 그 때문이다. 그를 다루기 위해서이다. 붓다는 그를 혼내지 않고 오히려 그를 불쌍히 본다. 그의 오만을 '나무 위에 기어 올라간 어린아이' 정도로밖에 보지 않는다. 호킹 박사는 나무를 기어오르다 중간에서 올라가지도 내려오지도 못하고 무서워서 쩔쩔매고 있는 어린아이이다. 붓다께서 이제 그만 내려오되 떨어지지 않도록 조심하라고만 한다. 이때 스티븐 호킹은 '붓다의 크기'를 조금 깨닫는다.

　그는 위스키를 한 모금 마시고 세상의 법은 다른 법이 아닌 꼭 그 법이라야 하느냐고 붓다에게 대든다. 또한 왜 하필이면 자신이냐며 묻는다. 세기적인 천재의 머리를 준 동시에 불구의 몸을 준 것에 대한 울부짖음이다.

　이러한 호킹 박사도 붓다의 마지막 말씀에서 그 답을 찾는다. 천재의 머리에 평생 품었던 질문을 붓다에게 던졌고 이윽고 자상한 대답을 들었다(물론 묵언도 있었지만). 호킹 박사도 마지막에는 붓다의 제자가 되어 한 명의 아라한으로 다시 태어난다.

□ **참고자료**

〈도서〉

『그랜드 디자인』, 스티븐 호킹

『노화의 과학』, Robert E. Ricklefs & Caleb E. Finch

『내 인생의 멘토 붓다』, 이중석

『뇌 속의 신체지도』, 샌드라 블레이크슬리, 매슈 블레이크슬리

『뇌와 마음의 구조』, 가나자와 이치로

『도마복음 이야기』, 김용옥

『명령하는 뇌, 착각하는 뇌』, 라마찬드란

『부처 몸소 말하다』, 이상규

『붓다 브레인』, 릭 핸슨

『불교와 과학 진리를 말하다』, 사이토 나루야, 사사키 시즈카

『불로장수의 과학』, 김승업

『손바닥 안의 우주』, 마티유 리카르, 트린 주안 투안

『건강 수명 10년 늘이기』, 산제이 굽타

『신경과학』, 이광우

『아함경』, 홍사성

『오키나와 프로그램』, 브레들리 윌콕스, 마코토 스즈키

『왜 인도에서 불교는 멸망했는가?』, 호사카 슌지

『위대한 뇌』, 하비 뉴퀴스트

『이기적 유전자』, 리처드 도킨스

『인도로 간 붓다』, 암베드카르

『인지, 뇌, 의식』, 버나드 바스 니콜 케이지

『활성산소를 물리쳐서 100세에 도전한다』, 곤도 가즈오

〈텔레비전 강의〉

'도올 인도를 만나다(총 28강)', 김용옥

'도올 요한복음(총 52강)', 김용옥

'도올 노자와 21세기(총 56강)', 김용옥

'법륜스님에게 듣는 반야심경, 십이연기, 불교란 무엇인가, 참 깨달음, 즉문즉설' 등
    500여 강의, 법륜

'세 종교, 편견과 관용', 전원책